Andar como Jesús anduvo
Volumen 2

El ADN del Reino

Loren VanGalder
Spiritual Father Publications

Contenido

Introducción

Cada persona, familia, iglesia y país tiene una cultura o ADN. Ninguna cultura es mejor que otra, simplemente son diferentes; hay cosas buenas y malas en cada cultura. Pero hay una cultura perfecta, la cultura del reino de Dios. No tenemos que abandonar nuestra cultura nativa, sino diferenciar lo que no concuerda con la Palabra de Dios. Cuando seguimos a Jesús y andamos en unión con Él, vamos a andar como Él anduvo, y vamos a experimentar una nueva cultura.

El Sermón del Monte contiene la enseñanza más extensa de Jesucristo sobre el ADN del Reino. Es un mensaje radical que va directamente contra la corriente del mundo (y la corriente popular de la iglesia). Jesús contrasta al verdadero creyente con el pagano y con la persona religiosa. Vemos un contraste profundo respecto a nuestro mundo secular, pero posiblemente también con la mayoría de los "cristianos" que nos rodean. La persona que pone en práctica este mensaje será frecuentemente caracterizada como:

- Diferente
- Distinta
- Radical
- Contra cultura
- Extrema

Las Bienaventuranzas: ¿Quién es la persona que Dios bendice?

Bendito, bienaventurado, afortunado, favorecido o feliz son traducciones de la palabra griega (*makarios*). Antes de leer lo que constituye la persona dichosa según Jesús, ¿qué dirías tú? Yo quería saber qué dirían mis amigos en Facebook (la mayoría de ellos cristianos), y estas son sus respuestas.

Dios bendice a la persona que:

- Confía completamente en Él y se rinde a Él
- ¡Vive!
- Dios quiera bendecir – Él manda lluvia sobre los justos e injustos...
- Anda en humildad ante Dios y lo deja dirigir su camino
- Es una bendición a otros
- Obedece su palabra
- Escoge la vida (*Elige, pues, la vida, para que vivan tú y tus descendientes.* Deuteronomio 30:19)
- Pertenece a Él y es llamada por su nombre
- Anda humildemente con Dios y con otros
- No se cansa de hacer lo bueno
- Bendice el pueblo de Dios (*Bendeciré a los que te bendijeren, y a los que te maldijeren maldeciré; y serán benditas en ti todas las familias de la tierra.* Génesis 12:3)
- No quiere ser "como" Jesús, sino deja que Jesús viviera a través de él o ella
- Le teme, le sigue, le alaba, y le obedece
- Ama a su prójimo como a si mismo
- Bendice a otros y bendice al Señor en sus acciones (obediente en oración, ayuno, leyendo la Palabra)
- Anda en lo recto y ama a su prójimo

- Le honra y es fiel
- Bendice al más pequeño (Mateo 25:34-40)
- Lo ama y cumple sus mandamientos
- Alimenta y da ropa a los pobres
- Hace su voluntad, ama sus límites, y bendice a otra persona
- Es agradecida
- *Confía en Jehová, y haz el bien; Y habitarás en la tierra, y te apacentarás de la verdad. Deléitate asimismo en Jehová, Y él te concederá las peticiones de tu corazón.*
- *Encomienda a Jehová tu camino, Y confía en él; y él hará. Exhibirá tu justicia como la luz, Y tu derecho como el mediodía.* (Salmo 37:3-6)
- Él escoge bendecir a ellos con el regalo de su Hijo que murió por nosotros en nuestro pecado
- *Toda buena dádiva y todo don perfecto desciende de lo alto, del Padre de las luces, en el cual no hay mudanza, ni sombra de variación.* (Santiago 1:17)
- Todos

Estoy muy impresionado con mis amigos en Facebook. Nadie mencionó las cosas que el mundo valora, como el éxito o las riquezas, pero también veo la tendencia de hacer lo que hacemos la base de estar bendecido por Dios. ¡Jesús va mucho más profundo y tiene unas sorpresas para nosotros! Estudiaremos estas Bienaventuranzas, el resto del Sermón del Monte y otras de sus enseñanzas para averiguar el ADN del discípulo de Jesús y la cultura cristiana, todo con el propósito de andar como Jesús anduvo.

1

Bienaventurados los pobres en espíritu

Mateo 5:3

En Mateo 4, Jesús fue bautizado, fue tentado por el diablo en el desierto y llamó a sus primeros discípulos. Él estaba al principio de su ministerio, pero Cristo ya era famoso:

> *Jesús recorría toda Galilea, enseñando en las sinagogas, anunciando las buenas nuevas del reino, y sanando toda enfermedad y dolencia entre la gente. Su fama se extendió por toda Siria, y le llevaban todos los que padecían de diversas enfermedades, los que sufrían de dolores graves, los endemoniados, los epilépticos y los paralíticos, y él los sanaba. Lo seguían grandes multitudes de Galilea, Decápolis, Jerusalén, Judea y de la región al otro lado del Jordán (Mateo 4:13-15).*

El Sermón del Monte

Grandes multitudes querían experimentar y ver sus milagros, y escuchar su enseñanza, pero Jesús nunca buscó la fama ni una multitud de discípulos. Puede ser que Jesús subió esa montaña para escapar de la multitud, pero ellos lo siguieron. Jesús lo recibió como una oportunidad dada por su Padre para separar a los verdaderos discípulos de los espectadores. Así como Moisés subió al monte para recibir las normas del viejo pacto, Jesús subió al monte para enseñar las normas del nuevo pacto, el ADN del reino de Dios. Varias veces Él citó la ley y la profundizó, demostrando que Él tiene mayor autoridad que Moisés. Empezó su enseñanza describiendo a la persona bendecida por Dios, las características del ADN de su discípulo.

Empezamos pobres y necesitados

³ *Bienaventurados los pobres en espíritu, porque de ellos es el reino de los cielos.* (RVR)

«Dichosos los pobres en espíritu, porque el reino de los cielos les pertenece. (NVI)

«Dios bendice a los que son pobres en espíritu y se dan cuenta de la necesidad que tienen de él,
porque el reino del cielo les pertenece. (NTV)

A propósito, Jesús comienza con algo que va completamente en contra de nuestras expectativas y de la cultura del mundo. Podríamos pensar que la persona dichosa sería alguien:

- o Con mucha fe.
- o Quien anda en victoria.
- o Muy piadosa y religiosa.
- o Quien tiene mucho éxito en su ministerio.

- ○ Quien demuestra muchas manifestaciones de dones espirituales: profecía, milagros...
- ○ Llena del Espíritu Santo y de sabiduría, y con muchos recursos para compartir con otros.

Es decir, rico en espíritu.

Claro que esas cosas son buenas. Pero Jesús dice que su reino pertenece a los *pobres* en espíritu. Por supuesto, la persona con mucha fe y un gran ministerio puede ser pobre en espíritu, pero es más difícil.

¿Qué significa ser pobre en espíritu?

- La Nueva Traducción Viviente dice que esta persona *se da cuenta de su necesidad de Dios*. Ha perdido toda confianza en su propia justicia y fuerza, y reconoce que depende totalmente de Cristo y del poder de su Espíritu.

- Reconoce que no tiene ningún reclamo, sino que espera en Dios por su salvación. Tiene un espíritu humilde y quebrantado.

- Reconoce su bancarrota (moral, espiritual y aún física) ante Dios.

La pobreza espiritual no tiene nada que ver con el miedo o la cobardía, ni tampoco es una falsa humildad que pretende ser nada, negando los dones y habilidades que Dios nos ha dado.

Los filósofos de ese día no reconocieron la humildad como una virtud. Por nuestra naturaleza somos orgullosos y rebeldes, y valoramos nuestra independencia. ¡Despreciamos a los pobres en espíritu! Pero Dios no necesita gente confiada en sí misma, bien estudiada, con todas las cosas que son importantes para el mundo. Pablo tenía que aprender la pobreza espiritual; antes, creía que era rico espiritualmente, pero aprendió que cuando era débil, Dios podía manifestar su poder.

Este primer bienaventurado nos da mucho ánimo y esperanza. Jesús va completamente contra la corriente común. ¡No depende de ti! No tienes que presentar la imagen de que sabes todo y siempre estás en victoria.

¿Qué significa heredar el reino?

Jesús enseñaba mucho sobre el reino; vale la pena estudiarlo cuidadosamente. Él no quería establecer un reino político, aunque muchos de sus discípulos querían entronizarlo como rey en Jerusalén. Lamentablemente, muchas iglesias y pastores quieren establecer sus propios "reinos", y otros (como los discípulos) quieren establecer un reino cristiano en la tierra ahora.

Jesús usa el tiempo presente: *De ellos es el reino*. Lo que esta persona dichosa hereda ahora es la presencia y el gobierno de Jesús en su vida. Puede que no tenga nada más en este mundo, pero tiene al Rey de reyes. La bendición en cada bienaventurado se saborea ahora, pero estará consumada en el futuro. Jesús vendrá otra vez a esta tierra para establecer su reino perfecto, que los pobres en espíritu heredarán. Aquellos que ya tienen su "reino" aquí se quedarán afuera. No fueron los fariseos, los zelotes o los sacerdotes quienes entraron en el reino con mayor frecuencia, sino los publicanos y las prostitutas arrepentidos.

> *Porque así dijo el Alto y Sublime, el que habita la eternidad, y cuyo nombre es el Santo: Yo habito en la altura y la santidad, y con el quebrantado y humilde de espíritu, para hacer vivir el espíritu de los humildes, y para vivificar el corazón de los quebrantados* (Isaías 57:15, RVR).

La iglesia en Laodicea perdió esta actitud humilde y era autosatisfecha y superficial. No podía reconocer su pobreza espiritual:

> Dices: "Soy rico; me he enriquecido y no me hace falta nada"; pero no te das cuenta de que el infeliz y miserable, el pobre, ciego y desnudo eres tú (Apocalipsis 3:17).

Es fácil para el cristiano que tiene mucho tiempo en el Señor perder esta pobreza de espíritu. Como la iglesia de Laodicea, puede creer que ha llegado a la madurez y ya es rico.

¿Ay de los ricos?

Hay un pasaje muy similar a Mateo en Lucas 6; se llama el Sermón del Llano y probablemente se dio en otra ocasión. En Lucas 6:20, Jesús simplemente dice: *Dichosos ustedes los pobres*, lo que confirma el énfasis de su ministerio para los pobres (Lucas 4:18). Lucas 6:24 confirma lo que Jesús dijo varias veces acerca de aquellos que ya tienen todo en este mundo: *Pero ¡ay de ustedes los ricos, porque ya han recibido su consuelo!* Lucas nos da una perspectiva ligeramente diferente, pero es la misma idea.

¿Te sientes pobre en espíritu? ¡Regocíjate! ¡Eres bendecido! Es mejor ser pobre en espíritu que rico en espíritu. ¿Y si te sientes rico en espíritu? Habla con el Señor para ver si debes humillarte y aprender, como Pablo, lo que Dios valora.

2

Dichoso el que llora

Mateo 5:4

El capítulo 2 de Filipenses nos manda que tengamos la mente de Cristo; no solo es caminar como Jesús, sino también pensar como Jesús. Las bienaventuranzas revelan el ADN del discípulo de Cristo, lo que trae alegría a su corazón y a los que son bendecidos ante los ojos de Dios. Para esa multitud reunida en la montaña, esas bienaventuranzas fueron inesperadas; van en contra de todo lo que la cultura del mundo nos ha enseñado a valorar.

Los que lloran serán consolados

Bienaventurados los que lloran, porque ellos recibirán consolación. (RVR)

Dios bendice a los que lloran, porque serán consolados. (NTV)

Muchos creen que el cristiano maduro debe estar siempre alegre y andar sobre las nubes en victoria, alabando al Señor. El mundo busca la felicidad a cualquier precio y hace todo lo posible para evitar el dolor y la tristeza. La cultura occidental ha minimizado el luto hasta el punto de que a veces es mal visto llorar en un funeral. Los cristianos dicen cosas que niegan el dolor de la persona que está de luto, como: "Él está en un lugar mejor." ¡Muchos de nosotros ni siquiera sabemos cómo llorar! Algunos creen que el luto no es apropiado para el cristiano; eso es para los incrédulos o católicos.

El luto implica la muerte de un ser querido o la pérdida de algo muy importante. Puede ser que:

- Dios no sanó a tu ser querido.
- Tu vida es un caos.
- Lloras por amor perdido, esperanza perdida u oportunidades perdidas.
- Tu corazón está quebrantado.

¡Nadie acoge eso con agrado! Pero si no hay nada que llorar, no hay necesidad de consuelo, y no podemos experimentar esa parte importante del ministerio del Espíritu Santo. Jesús fue *varón de dolores, experimentado en quebranto* (Isaías 53:3). Otras versiones dicen *acostumbrado al sufrimiento* (DHH) o *conocedor del dolor más profundo* (NTV).

- ¿Cómo te sientes acerca del dolor? ¿Estás "experimentado en quebranto"?

- ¿Estás de luto por algo en este momento?
- ¿Sientes que, de alguna manera, fracasaste porque alguien murió o las cosas salieron mal? Tal vez otros hayan sugerido que se debió a tu falta de fe u oraciones.

Jesús dice que Dios bendice a la persona afligida. David bailaba, pero también lloraba: *"Mis huidas tú has contado; Pon mis lágrimas en tu redoma; ¿No están ellas en tu libro?"* (Salmos 56:8)

Cada persona es diferente, pero si tú tienes un corazón tierno, lleno de compasión y del amor de Dios, puedes llorar por los problemas de este mundo, al igual que Jesús lloró por su amigo Lázaro (Juan 11:35), y lloró sobre Jerusalén impenitente (Lucas 19:41). El temor reverente y la sumisión de Jesucristo a su Padre se manifestaron en gran clamor y lágrimas: *Y Cristo, en los días de su carne, ofreciendo ruegos y súplicas con gran clamor y lágrimas al que le podía librar de la muerte, fue oído a causa de su temor reverente* (Hebreos 5:7).

Reconocimos nuestra pobreza espiritual en la primera bienaventuranza, ahora lloramos por nuestros pecados. Confesamos nuestra falta de amor y de hacer lo correcto, y nuestra parte en clavar a Jesús en la cruz. Estamos contritos y arrepentidos.

En Lucas, Jesús dice que la persona bendita no solo es pobre espiritualmente, sino también materialmente, y Él condena a los ricos: *¡Ay de ustedes, los ricos, porque ya han recibido su consuelo!* (Lucas 6:24). ¡Basta ya del evangelio de la prosperidad! Ahora, Jesús sigue ofendiendo nuestra sensibilidad al condenar a los felices y despreocupados: *¡Ay de ustedes, los que ahora reís! porque lamentaréis y lloraréis* (Lucas 6:25). ¿Por qué? Tal vez los que se ríen ahora no toman en serio su pecado y su relación con Dios, ni las necesidades de quienes los rodean. ¿Significa eso que nunca podemos reírnos? ¡Por supuesto que no! Pero hay un hilo común en estas bienaventuranzas de algunos que tienen abundancia ahora (pero que pagan más tarde), y otros en la lucha que se acercan a Dios, confiando en Él para un futuro mejor.

¿Tienes el corazón de Jesús? ¿Te llamarían un varón de dolores, experimentado en quebranto? ¿O te estás riendo? No es un signo del pecado ni de una fe débil llorar; es parte de ser humano. El problema real es ser tan duro de corazón, tan aislado de los demás y de su dolor, que nunca lloras. Si estás de luto, ¡Dios lo sabe! ¡A Dios le importa! Él es plenamente consciente de cada lágrima. No importa lo que llores hoy, Dios promete consolarte. Deja tu autocompasión, autocondena y confusión. Dios dice que la persona que llora es bendecida. ¿Puedes realmente creerlo y agradecerle por la circunstancia dolorosa? Que el Espíritu Santo, el Consolador, te consuele.

3

Dichoso el manso

Mateo 5:5

Si eres honesto, ¿realmente quieres ser manso? ¿Lo ves como una bendición? Jesús dijo:

Bienaventurados los mansos, porque ellos recibirán la tierra por heredad. (RVR)

Dichosos los humildes, porque recibirán la tierra como herencia. (NVI)

Puede ser genial para una mujer ser suave y dulce de espíritu (como la versión ampliada en inglés lo traduce), pero no suena muy varonil. Podríamos imaginar a un hombre manso como un debilucho afeminado. No es muy atractivo.

La mansedumbre tiene un sentido negativo para los hombres, lo que se confirma por la forma en que Pedro usa la misma palabra griega para hablar a las mujeres (1 Pedro 3: 4):

*En cambio, vístanse con la belleza interior, la que no se desvanece, la belleza de un espíritu tierno y sereno (*manso, afable y apacible, RVR*), que es tan precioso a los ojos de Dios.* (NTV)

Pero Jesús era manso. Él entró en Jerusalén humildemente, montado en un burro, y se describió a sí mismo como manso:

Llevad mi yugo sobre vosotros, y aprended de mí, que soy manso y humilde de corazón; y hallaréis descanso para vuestras almas (Mateo 11:29, RVR).

El *Diccionario de la lengua española* define manso como: "De naturaleza apacible y tranquila: *es un hombre manso que no se exalta por nada".* La *Real Academia Española* dice que es: "De condición benigna y suave. Suave, considerado, cortés, y el dominio propio para ejercer esa humildad."

La mansedumbre es lo opuesto a la soberbia o arrogancia. La persona mansa soporta insultos o heridas sin responder con venganza. En cambio, pone la otra mejilla y confía en que Dios cuidará de él. La misma palabra se usa para describir a un animal domesticado. Por ejemplo, un caballo que era salvaje e inútil, pero ahora puede ser montado o utilizado para trabajar. Aún es fuerte, pero su fuerza está bajo control. Sometemos nuestra fuerza a Dios y la ejercemos bajo su control. Un perro manso no molesta a nadie; no muerde y no es bravo. ¡El problema es que muchos hombres quieren ser bravos!

La mansedumbre en la vida cotidiana

Cuando nos encontramos en circunstancias fuera de nuestro control o influencia, generalmente reaccionamos con frustración, amargura o rabia. Pero precisamente en esa situación, podemos responder con mansedumbre. Por la fe en Dios, creemos que Él es soberano, conoce la circunstancia y va a trabajar en ella por nuestro bien. La mansedumbre no es una resignación al destino ni una sumisión pasiva y renuente a las circunstancias. Esa es debilidad. Aunque podamos parecer débiles y vulnerables en una prueba severa, perseveramos pacientemente y la soportamos, con esperanza en Dios y una fuerza interior que no se rinde. De hecho, cuando se menciona la mansedumbre en la Biblia, por lo general se refiere a una persona que perseveró y fue recompensada por su paciencia. La autoimagen sólida de la persona mansa le permite confiar en su relación con los demás. Fue esa certeza de su identidad lo que permitió a Jesús humillarse y lavar los pies de los discípulos.

Es difícil para el hombre carnal manifestar mansedumbre; no es parte del ADN de la naturaleza caída. Gálatas 5:22 la incluye como un fruto del Espíritu. Para experimentar la bendición que Jesús describe aquí, debes estar lleno del Espíritu, con su fruto manifestado en tu vida.

Pero, ¿cómo puede un hombre manso heredar la tierra? ¿No es cierto que el mundo lo aprovecha y lo pisotea? Nos han enseñado desde la niñez que para salir adelante tenemos que ser fuertes y agresivos. Parece que es el hombre soberbio quien tiene influencia en este mundo y hereda la tierra. Pero nosotros lo tenemos al revés; Jesús nos promete que los mansos heredarán la tierra. Lo que no está claro es *cuándo*. El mundo puede reírse de nuestra humildad y mansedumbre. Mientras tanto, confiando en la promesa de Dios, nos reímos de sus intentos de controlar y dominar. En algún momento en el futuro, Dios quitará el poder de los que se exaltan a sí mismos y se lo dará a los mansos, a los que se han sometido a Él. No heredamos la tierra con nuestro esfuerzo frenético, sino a través de una confianza tranquila en Dios. Ahora estamos aprendiendo a vivir en el poder de Cristo y a reinar con Él en esta vida.

David: ¿Un hombre manso?

No hay muchos que describirían a David como manso, pero él escribió acerca del hombre manso en el Salmo 37:5-11:

> *Encomienda a Jehová tu camino,*
> *Y confía en él; y él hará.*
>
> *Exhibirá tu justicia como la luz,*
> *Y tu derecho como el mediodía.*
>
> *Guarda silencio ante Jehová, y espera en él.*
> *No te alteres con motivo del que prospera en su camino,*
> *Por el hombre que hace maldades.*
>
> *Deja la ira, y desecha el enojo;*
> *No te excites en manera alguna a hacer lo malo.*
>
> *Porque los malignos serán destruidos,*
> *Pero los que esperan en Jehová, ellos heredarán la tierra.*
>
> *Pues de aquí a poco no existirá el malo;*
> *Observarás su lugar, y no estará allí.*

Pero los mansos heredarán la tierra,
Y se recrearán con abundancia de paz.

4

Dichoso el que tiene hambre y sed de justicia
Mateo 5:6

Estoy seguro de que tú has visto esas fotos alarmantes de niños muriendo de hambre.

Nadie diría que esos niños están felices; ni siquiera Jesús. Pero Jesús usa la imagen del vacío y la gran necesidad para desacreditar la comprensión común de la felicidad:

Bienaventurados los que tienen hambre y sed de justicia, porque ellos serán saciados. (RVR)

Tendemos a pensar que aquellos que persiguen las riquezas y los placeres de este mundo son los que están llenos. Sus vidas son emocionantes. Ellos disfrutan de la última tecnología, los autos más rápidos y las mujeres más glamorosas. Seguramente, con sus casas hermosas, familias lindas, posiciones privilegiadas y riquezas prácticamente ilimitadas, sus vidas están llenas. Desafortunadamente, están llenos de sí mismos. A menudo hacen lo que sea necesario para conseguir lo que quieren, independientemente de lo que sea correcto. Desesperadamente, tratan de llenar un vacío en sus almas. Pero la persona que tiene hambre de justicia se centra en lo espiritual, no en lo material.

En medio de toda la perversión y el pecado presentes en el mundo de hoy, ¿hay un anhelo en tu corazón por la justicia? ¿Tienes hambre de santidad? ¿Hay momentos en tu propia vida en que parece que nunca vas a alcanzar una vida recta y justa? Pues, Jesús te promete que serás saciado.

Tipos de justicia

- **Justicia de estado o relación**, que conduce a una relación correcta con Dios. A través de nuestra fe en Jesús, somos justificados (declarados no culpables, como en el tribunal), como si nunca hubiéramos pecado.

- **Justicia moral**: eligiendo consistentemente obedecer a Dios y hacer lo correcto. Los fariseos tenían una justicia externa para servilmente guardar las reglas. En varias ocasiones Jesús condenó su legalismo. Por desgracia, muchos cristianos han caído en el mismo legalismo. Nuestro hambre debe ser mucho más profundo, un hambre que viene del corazón y de la voluntad.

- **Justicia social**. La Biblia va más allá de una justicia personal e individual. Dios desea liberarnos de toda opresión y se interesa por los derechos civiles, un sistema judicial justo y la integridad en el mundo empresarial.

Cómo ser saciado

No serás saciado a causa de tus méritos, trabajo duro o buenas obras. Es una actitud del corazón, un anhelo profundo. Esto es un anhelo por la justicia de Dios, igual que el hambre física y la sed que todos experimentamos. Estamos cansados del pecado, de nuestro egoísmo y del engaño de Satanás y el mundo. El hecho de que tengamos hambre y sed de justicia significa que nos hemos dado cuenta de que nuestra justicia es como trapos de inmundicia. No hay nada bueno dentro de nosotros; Jesús tiene que llenarnos, y Él promete hacerlo por su gracia.

Jesús también dijo: *Qué aflicción les espera a ustedes, los que ahora están gordos y prósperos, porque tienen un horrible tiempo de hambre por delante* (Lucas 6:25, NTV).

Esta es una perspectiva diferente; implica que aquellos que tienen abundancia ahora, que están bien alimentados y son prósperos, enfrentarán un *"horrible tiempo de hambre"* en el futuro. Es un tema constante de las bienaventuranzas: si quieres todo ahora, habrá un precio que pagar en el futuro, pero si soportas persecución o escasez ahora, recibirás bendiciones eternas del Señor.

1. ¿Qué es lo que anhelas? ¿La vida buena? ¿Cosas materiales? ¿Una apasionada vida amorosa? ¿Estás dispuesto a comprometer la palabra de Dios para obtenerlas? ¿Ya has abandonado la justicia para perseguirlas?

2. En medio de toda la perversión y el pecado presentes en el mundo de hoy, ¿hay un anhelo desesperado en tu corazón por la justicia y la santidad?

3. ¿Te apasiona la justicia, no solo en tu propia vida, sino en el mundo que te rodea?

4. ¿Tienes hambre espiritual? ¿O ya estás saciado con las cosas del mundo?

¿Hay momentos en que te parece que nunca lograrás esta vida justa? Jesús promete saciarte, pero no solo una vez. Este es un hambre continua, como todos los días tenemos hambre de comida. Tenemos que acercarnos continuamente a Jesús para ser saciados.

La progresión aparente en estas primeras cuatro bienaventuranzas

- Primero, reconocemos nuestra pobreza espiritual (en realidad, nuestra quiebra) ante Dios. No hay nada que podamos hacer para ayudarnos a nosotros mismos.

- Esto nos lleva a un luto genuino por nuestro pecado y quebrantamiento, y por el daño que hemos causado a Dios y a los demás por nuestro pecado.

- Al reconocer nuestra pobreza, asumimos una actitud apacible y humilde (mansa) hacia otros que están luchando, y abandonamos nuestro orgullo y arrogancia espiritual.

- Si no hay un verdadero cambio en nuestra forma de vivir, las tres primeras bienaventuranzas no tienen mucho valor. Ya hay demasiados "cristianos" que libremente confiesan su pobreza y necesidad, pero carecen de hambre de justicia. Dios promete saciar a aquellos que tienen un deseo apasionado de justicia.

¿Qué piensas? Para andar como Jesús anduvo, para pensar como Jesús pensó y para ser verdaderamente bendecidos por Dios, necesitamos esta mentalidad, este ADN. Va en contra de todo lo que el mundo promueve, y por desgracia, lo que se enseña en muchas iglesias.

5

Dichoso el misericordioso
Mateo 5:7

Las siguientes tres bienaventuranzas son menos polémicas. También evocan imágenes más femeninas que masculinas, pero por lo general son aceptadas como características positivas: alguien misericordioso, puro de corazón y un pacificador. Estas afectan las relaciones con otras personas. Sorprendentemente, a pesar de la naturaleza inofensiva de todas estas características, la reacción del mundo es perseguir a estas personas, pero las bienaventuranzas terminan con el aliento de que incluso la persecución es una condición bendita.

¿Quieres ser tratado con compasión y misericordia? Anda como Jesús anduvo, con misericordia y compasión, y las experimentarás.

⁷ Dichosos los compasivos, porque serán tratados con compasión.

RVR: *Bienaventurados los misericordiosos, porque ellos alcanzarán misericordia.*

¿Qué significa ser misericordioso? La Real Academia Española dice que la misericordia es: "La virtud que inclina el ánimo a compadecerse de los sufrimientos y miserias ajenos; el atributo divino por el que se perdonan y remedian los pecados y sufrimientos de sus criaturas." Por lo general, tienes misericordia de alguien que te debe algo, no puede hacer nada por ti y merece tu castigo. A pesar de eso, tú eliges dejarlo ir. La misericordia está relacionada al perdón.

Dios es misericordioso y espera que sus siervos sean misericordiosos. Si tú no tienes misericordia, Dios no tendrá misericordia de ti, al igual que Él no te perdonará si tú no perdonas a otros (Mateo 6:15). Si no eres misericordioso, es menos probable que otros tengan misericordia de ti. La persona misericordiosa tiene un corazón tierno y amoroso, listo para actuar a favor de cualquier persona que necesite ayuda. Es una bienaventuranza apropiada para seguir la anterior (el tener hambre y sed de justicia), porque es posible ser escrupuloso en cuanto a la rectitud personal, pero no ser muy misericordioso. Por eso Jesús condenó a los fariseos:

> *Mientras Jesús estaba comiendo en casa de Mateo, muchos recaudadores de impuestos y pecadores llegaron y comieron con él y sus discípulos. Cuando los fariseos vieron esto, les preguntaron a sus discípulos: —¿Por qué come su maestro con recaudadores de impuestos y con pecadores?*

> *Al oír esto, Jesús les contestó: —No son los sanos los que necesitan médico, sino los enfermos. Pero vayan y aprendan qué significa esto: "Lo que pido de ustedes es misericordia y no sacrificios". Porque no he venido a llamar a justos, sino a pecadores* (Mateo 9:10-13).

Dios no espera hasta que pidamos por misericordia, sino que toma la iniciativa. La palabra hebrea *hesed* se traduce como "bondad" e incluye la idea del amor de pacto, compasión y misericordia. Israel no merecía los milagros de Dios para liberarlos de Egipto y llevarlos a la tierra prometida. No podemos ganar la salvación que Cristo nos ofrece, pero Dios es misericordioso. Y esa misericordia mueve su corazón para derramar el amor y la compasión sobre pecadores que merecen su castigo: *Nos salvó, no por obras de justicia que nosotros hubiéramos hecho, sino por su misericordia* (Tito 3:5).

Nosotros le amamos a Él, porque Él nos amó primero. Nosotros perdonamos porque Él perdonó nuestra gran deuda. Y mostramos misericordia porque Él fue misericordioso con nosotros. Al crecer en piedad, nos volvemos más como Cristo y compartimos más en el carácter de Dios. Nos aferramos más al corazón misericordioso del Padre. Más tarde, en el mismo sermón, Jesús resumió esta enseñanza con la Regla de Oro: *Así que en todo traten ustedes a los demás tal y como quieren que ellos los traten a ustedes. De hecho, esto es la ley y los profetas* (Mateo 7:12).

La parábola del siervo despiadado

La misericordia a menudo se manifiesta en actos de caridad. La parábola del buen samaritano (Lucas 10:25-37) es una condena de líderes religiosos despiadados y demuestra cómo la verdadera piedad nos lleva a extremos para ayudar a otros. Ese es el lado proactivo de la misericordia. Otra parábola, del siervo despiadado en Mateo 18, vívidamente retrata las consecuencias de ser despiadado, y la necesidad de tener piedad de otros para evitar el castigo merecido:

²¹ *Pedro se acercó a Jesús y le preguntó: —Señor, ¿cuántas veces tengo que perdonar a mi hermano que peca contra mí? ¿Hasta siete veces?*

²² *—No te digo que hasta siete veces, sino hasta setenta y siete veces —le contestó Jesús—.*

No podemos poner límites en nuestro perdón a los demás, su respuesta ante lo mismo o la misericordia que ofrecemos a otros. Lo que los apaga es la persona que no responde con perdón o misericordia a los demás.

²³ *»Por eso el reino de los cielos se parece a un rey que quiso ajustar cuentas con sus siervos.* ²⁴ *Al comenzar a hacerlo, se le presentó uno que le debía miles y miles de monedas de oro.* ²⁵ *Como él no tenía con qué pagar, el señor mandó que lo vendieran a él, a su esposa y a sus hijos, y todo lo que tenía, para así saldar la deuda.*

Esta deuda sería de millones de dólares. Sería imposible pagarla, al igual que es imposible pagar la deuda que tenemos con Dios, aunque Él tiene todo el derecho de exigir el pago.

²⁶ *El siervo se postró delante de él. "Tenga paciencia conmigo —le rogó—, y se lo pagaré todo".* ²⁷ *El señor se compadeció de su siervo, le perdonó la deuda y lo dejó en libertad.*

El corazón misericordioso del señor le conmovió a tener compasión y piedad del criado. En este caso, esperó la petición del deudor y, en respuesta a ella, decidió cancelar la deuda y dejarlo en libertad.

²⁸ *»Al salir, aquel siervo se encontró con uno de sus compañeros que le debía cien monedas de plata. Lo agarró por el cuello y comenzó a estrangularlo. "¡Págame lo que me debes!", le*

exigió. *²⁹ Su compañero se postró delante de él. "Ten paciencia conmigo —le rogó—, y te lo pagaré".³⁰ Pero él se negó. Más bien fue y lo hizo meter en la cárcel hasta que pagara la deuda.*

Los demás siervos, observando la misericordia mostrada al primer siervo, esperan recibir la misma piedad y le suplican por ella. Sin embargo, el primer siervo rechaza su petición.

³² Entonces el señor mandó llamar al siervo. "¡Siervo malvado! — le increpó—. Te perdoné toda aquella deuda porque me lo suplicaste.³³ ¿No debías tú también haberte compadecido de tu compañero, así como yo me compadecí de ti?" ³⁴ Y, enojado, su señor lo entregó a los carceleros para que lo torturaran hasta que pagara todo lo que debía.

³⁵ »Así también mi Padre celestial los tratará a ustedes, a menos que cada uno perdone de corazón a su hermano».

Aquí vemos la conexión estrecha entre el perdón y la misericordia: Dios espera que tengas piedad de otros que claramente no la merecen, así como Él tuvo piedad de ti. Para Jesús, tener misericordia es perdonar. Si Él ve un corazón compasivo, tierno y misericordioso en ti, no solo vas a experimentar su misericordia, sino que Dios también va a inclinar a otros a ser misericordiosos contigo.

La falta de misericordia impacta la salvación

Una de las últimas enseñanzas de Jesús hace hincapié en la importancia de la misericordia y demuestra una clara conexión entre la justicia y la misericordia:

»Entonces dirá el Rey a los que estén a su derecha: "Vengan ustedes, a quienes mi Padre ha bendecido; reciban su herencia, el reino preparado para ustedes desde la creación del mundo. Porque tuve hambre, y ustedes me dieron de comer; tuve

sed, y me dieron de beber; fui forastero, y me dieron alojamiento; necesité ropa, y me vistieron; estuve enfermo, y me atendieron; estuve en la cárcel, y me visitaron". Y le contestarán los justos: "Señor, ¿cuándo te vimos hambriento y te alimentamos, o sediento y te dimos de beber? ¿Cuándo te vimos como forastero y te dimos alojamiento, o necesitado de ropa y te vestimos? ¿Cuándo te vimos enfermo o en la cárcel y te visitamos?" El Rey les responderá: "Les aseguro que todo lo que hicieron por uno de mis hermanos, aun por el más pequeño, lo hicieron por mí" (Mateo 25: 34-40).

Aquellos que no tenían misericordia son echados al infierno. Sí, la falta de misericordia puede impactar tu salvación. Jesús espera que busquemos oportunidades para ser misericordiosos y ayudar a los más pequeños, quienes nunca podrán devolver el favor.

- ¿Cómo has experimentado la misericordia de Dios? ¿Eras consciente de ella? Tienes que agradecerle por ella.

- ¿Debes pedir misericordia por algo en tu vida?

- ¿Hay oportunidades para mostrar compasión, perdón y misericordia a alguien que claramente no lo merece?

- ¿Corres el riesgo de tener que pagar tu deuda a Dios (¿o incluso ser echado al infierno?) a causa de tu falta de misericordia?

Si tú, de costumbre, tienes misericordia de otros, Dios seguramente te mostrará misericordia en tu momento de necesidad. No tardes en suplicarle por ella. La naturaleza de la misericordia significa que, aun con nuestras imperfecciones, Dios continúa mostrándonos misericordia. Y es por eso que realmente tenemos que agradecerle.

No es fácil ser compasivo y misericordioso en el mundo de hoy. Hay demasiados ejemplos de alguien recibiendo a un extraño en su casa y el tipo roba todo o viola a su hija. Necesitas mucho discernimiento y siempre ser guiado por el Espíritu. Pero cuando Dios claramente te da la oportunidad de tratar a alguien con compasión, tienes que andar como Jesús anduvo y mostrarle esa misericordia.

6

Bienaventurados los de limpio corazón

Mateo 5:8

⁸ Dichosos los de corazón limpio, porque ellos verán a Dios.

La santidad no es solo seguir unas reglas, como abstenerse de fornicar, fumar y beber. La santidad es mucho más, como Jesús está a punto de señalar en este Sermón del Monte:

»Ustedes han oído que se dijo a sus antepasados: "No mates, y todo el que mate quedará sujeto al juicio del tribunal." Pero yo les digo que todo el que se enoje con su hermano quedará sujeto al juicio del tribunal (Mateo 5:21-22).

»Ustedes han oído que se dijo: "No cometas adulterio." Pero yo les digo que cualquiera que mira a una mujer y la codicia ya ha cometido adulterio con ella en el corazón (Mateo 5:27-28).

Bajo la ley, el énfasis estaba en las cosas externas. Tu corazón podría estar lleno de pensamientos de asesinato y adulterio, pero si nadie murió o si nunca tocabas a otra mujer, estabas bien. Jesús dice que Dios espera mucho más:

> »¡Ay de ustedes, maestros de la ley y fariseos, hipócritas! Limpian el exterior del vaso y del plato, pero por dentro están llenos de robo y de desenfreno. ¡Fariseo ciego! Limpia primero por dentro el vaso y el plato, y así quedará limpio también por fuera (Mateo 23:25-26).

A Dios le interesa el corazón. Si tu corazón es puro, tus acciones y pensamientos se reflejarán en él. Si tu corazón es sucio, tarde o temprano se mostrará en tu forma de vivir. En Mateo 6, Jesús habla sobre la importancia de dar ofrendas, orar y ayunar desde el corazón. Si es para una demostración externa, para impresionar a los demás, tiene muy poco beneficio. Tú puedes mantener una apariencia legalista de pureza, pero no verás a Dios ni disfrutarás de una relación con Él si el corazón está sucio: *Busquen la paz con todos y la santidad, sin la cual nadie verá al Señor* (Hebreos 12:14).

La importancia de la pureza del corazón no era un concepto nuevo para los judíos. El Espíritu Santo inspiró a David a escribir algo muy similar a esta bienaventuranza en el Salmo 73:1:

> *En verdad, ¡cuán bueno es Dios con Israel,*
> *con los puros de corazón!*

David amplía aún más la misma idea en el Salmo 24:3-6:

> *¿Quién puede subir al monte del Señor?*
> *¿Quién puede estar en su lugar santo?*
> *Sólo el de manos limpias y corazón puro,*
> *el que no adora ídolos vanos*
> *ni jura por dioses falsos.*

Quien es así recibe bendiciones del Señor;
Dios su Salvador le hará justicia.
Tal es la generación de los que a ti acuden,
de los que buscan tu rostro, oh Dios de Jacob.

Estos creyentes buscaban el rostro de Dios, pero no pudieron verlo, a pesar de lo que dijo David en el Salmo 17:15: *Pero yo en justicia contemplaré tu rostro; me bastará con verte cuando despierte.*

¿Cómo puede esto reconciliarse con las palabras (a menudo repetidas) de Dios a Moisés en Éxodo 33:20? *Dijo más: No podrás ver mi rostro; porque no me verá hombre, y vivirá.* Jesús lleva la posibilidad de intimidad con Dios a otro nivel, tal como lo hace con nuestra comprensión de una vida que agrada a Dios. Es posible ver a Dios, pero solo para los puros de corazón, y probablemente será en el cielo: *Y verán su rostro, y su nombre estará en sus frentes...y reinarán por los siglos de los siglos* (Apocalipsis 22:4-5).

¿Cómo está tu corazón? Puedes parecer un buen cristiano en la iglesia y con tu familia, pero ¿qué sucede cuando estás con tus amigos? ¿Qué pasa cuando ves a una mujer hermosa en la calle? ¿Y cuando estás tentado por la pornografía en Internet? Toda tu vida, pública y privada, tus pensamientos y motivaciones deben ser transparentes ante Dios y los demás. Mucha gente piensa que la "pureza de corazón" es aburrida. Ellos encuentran su placer en cualquier cosa impura, pero están engañados. Jesús dijo que solo la persona bendecida puede ver a Dios, y eso solo es posible con un corazón puro. Ahí es donde se encuentra la verdadera felicidad.

Si sientes que has perdido tu conexión con Dios, que ya no lo ves, examina la pureza de tu corazón. Ojalá que tú hayas conocido tiempos cuando Dios en su misericordia ha limpiado los rincones más oscuros de tu corazón, y te sientes increíblemente limpio. Puede que tengas que limpiar tu corazón ahora mismo. Dios quiere hacerlo. Él quiere que tú veas su rostro, pero Él no puede tolerar un corazón sucio. La sangre de Jesús puede limpiarte completamente.

Varias veces más Jesús dice *"Ustedes han oído que se dijo,"* pero la última vez es una buena introducción al resto de las bienaventuranzas:

»Ustedes han oído que se dijo: "Ama a tu prójimo y odia a tu enemigo." Pero yo les digo: Amen a sus enemigos y oren por quienes los persiguen (Mateo 5:43-44).

7

Dichosos los pacificadores

Mateo 5:9

⁹ *Dichosos los que trabajan por la paz, porque serán llamados hijos de Dios.*

RVR: *Bienaventurados los pacificadores, porque ellos serán llamados hijos de Dios.*

Mi madre era la pacificadora en nuestra familia. Ella odiaba el conflicto. Mi padre podría tener un carácter volátil, pero ella siempre intervenía para calmar la situación, y él bajaba al sótano para lidiar con su ira. Aprendí a evitar el conflicto a toda costa y a hacer lo que fuera necesario para mantener la paz, incluso si eso significaba reprimir la ira. Eso no es saludable. Trabajar por la paz no significa evitar los conflictos. Hacer la paz puede ser costoso; solo pregúntale a Jesús: Él hizo la paz entre Dios y nosotros, saciando la ira del Padre al precio de su propia vida.

Tiene sentido que el Príncipe de Paz bendeciría a los pacificadores: *Por cuanto agradó al Padre que en él habitase toda plenitud, y por medio de él reconciliar consigo todas las cosas, así las que están en la tierra como las que están en los cielos, haciendo la paz mediante la sangre de su cruz* (Colosenses 3:19-20).

¿Has conocido a personas que parecen crear conflictos dondequiera que vayan? A menudo, la raíz es el orgullo o la inseguridad. Los que son puros de corazón tienden a crear menos conflicto; su misma presencia puede traer paz a una situación. Santiago (3:17-18) habla de la sabiduría celestial:

> *En cambio, la sabiduría que desciende del cielo es ante todo pura, y además pacífica, bondadosa, dócil, llena de compasión y de buenos frutos, imparcial y sincera. En fin, el fruto de la justicia se siembra en paz para los que hacen la paz.*

Romanos 14 ofrece algunos consejos sabios para mantener la paz en la iglesia, especialmente el versículo 19: *Por lo tanto, esforcémonos por promover todo lo que conduzca a la paz y a la mutua edificación.*

Si nos centramos en la edificación mutua, contribuiremos a la paz. Trabajar por la paz puede implicar un esfuerzo considerable; ¡no seas perezoso! Ten cuidado en el trabajo, la escuela, la iglesia y el hogar para no precipitarte en un conflicto, tomar partido y hacer que la situación empeore. Trata de ser conocido como una persona objetiva, capaz de ver todos los lados de un problema. La mansedumbre, tal como la estudiamos en estas bienaventuranzas, también facilita la paz. Pídele a Dios que te dé sabiduría sobre cómo resolver el conflicto. No impongas una solución, sino escucha con atención, afirma los sentimientos y habla con autoridad cuando sea necesario. Ten en cuenta que la paz no siempre será posible. Claro que eso aflige al corazón del Padre, y nos aflige vivir con conflictos en el hogar o en el trabajo. Puedes orar y hacer tu parte, y luego dejar los resultados en las manos de Dios. Ora por la paz en el mundo y haz todo lo posible para promover la paz en tu comunidad. Ora por formas en que tu iglesia puede hacer la paz.

Dios quiere usarte como un agente de sanidad en el mundo que te rodea. Con la base de las enseñanzas de las bienaventuranzas anteriores, y asegurando que tu corazón es puro, tú puedes entrar en tu mundo con misericordia, para traer la paz y la presencia de Dios. Desafortunadamente, como veremos en las últimas bienaventuranzas, el mundo a menudo rechaza esa presencia.

8

Bienaventurados los que padecen persecución
Mateo 5:10-12

Jesús dijo que esta es la "vida bienaventurada". Por desgracia, hemos visto que tiene poco parecido a lo que se promueve regularmente en las iglesias de hoy. ¿Pobre? ¿Manso? ¿Hambriento? ¿Puros de corazón? ¿Está Jesús tratando de desalentarnos a seguirlo? Parece que sí, especialmente con esta conclusión espantosa para sus bienaventuranzas:

¹⁰ Bienaventurados los que padecen persecución por causa de la justicia, porque de ellos es el reino de los cielos. (RVR)

NTV: *Dios bendice a los que son perseguidos por hacer lo correcto, porque el reino del cielo les pertenece.*

¡Jesús acaba de decir que deberíamos ser conocidos como pacificadores! Es cierto que debe ser nuestro objetivo, pero puede que no sea posible en un mundo caído. Pocas personas dan la bienvenida a la persecución, ¡pero no es del todo malo! De hecho, si nunca la experimentas, tienes que preguntarte si realmente estás siguiendo a Jesús.

Tu padecimiento toca al corazón de Dios, si es porque eres un discípulo de Jesús y estás haciendo lo correcto. ¡Él derrama sus bendiciones sobre ti! Y, en la sabiduría de Dios, de alguna manera la persecución te permite entender la naturaleza del reino de los cielos, y entrar en él. Aquellos que disfrutan de la aclamación del mundo y nunca conocen el sufrimiento o la persecución pueden estar tan cómodos en este mundo que les sea difícil comprender lo que es el reino de los cielos. Jesús dijo: *¡Ay de ustedes cuando todos los elogien! Dense cuenta de que los antepasados de esta gente trataron así a los falsos profetas* (Lucas 6:26). Claro que hay lugar para reconocer la buena obra de alguien; está bien cuando el mundo premia la contribución de un cristiano en el deporte, la ciencia u otra área. Pero, a menudo, la persona "bendecida" según estas bienaventuranzas no será elogiada por el mundo.

¿Qué califica como persecución?

Por desgracia, ¡muchos no están sufriendo por hacer lo correcto! ¡No hay bendición si estás actuando sin amor o como un idiota!

> *Porque es digno de elogio que, por sentido de responsabilidad delante de Dios, se soporten las penalidades, aun sufriendo injustamente. Pero ¿cómo pueden ustedes atribuirse mérito alguno si soportan que los maltraten por hacer el mal? En cambio, si sufren por hacer el bien, eso merece elogio delante de Dios. Para esto fueron llamados, porque Cristo sufrió por ustedes, dándoles ejemplo para que sigan sus pasos.*
>
> *«Él no cometió ningún pecado,*
>   *ni hubo engaño en su boca».*

Cuando proferían insultos contra él, no replicaba con insultos; cuando padecía, no amenazaba, sino que se entregaba a aquel que juzga con justicia (1 Pedro 2:19-23).

Pedro fue testigo del sufrimiento de Cristo y ya había sufrido por su propia fe; estaba bien calificado para hablar de cómo responder a la persecución.

- Cristo fue malentendido, rechazado, perseguido y, finalmente, crucificado. Estamos llamados a seguir su ejemplo.

- El sufrimiento no necesariamente significa que estés en pecado. ¡Una fe firme y obediencia a Dios no garantizan una vida libre del dolor!

- Es especialmente difícil soportar el sufrimiento inmerecido. ¡Queremos clamar por justicia! Pero estamos llamados a simplemente soportarlo.

- Debemos resistir la tentación de tomar represalias e insultar a los que nos insultan.

- No amenaces con el infierno o el juicio de Dios a quienes te persigan; entrégales a Dios y déjalos en sus manos.

- Incluso si significara la muerte, confiamos en Dios para cuidar de nosotros. Nuestra fe y confianza en Dios nos permiten ver más allá del sufrimiento actual.

El propósito de Dios en el sufrimiento

Dios utiliza el sufrimiento, incluso en la vida de su propio hijo:

Aunque era Hijo, mediante el sufrimiento aprendió a obedecer; y, consumada su

perfección, llegó a ser autor de salvación eterna
para todos los que le obedecen (Hebreos 5:8-9).

Si el Padre utilizó el padecimiento en la vida de Jesús, sin duda tú también te beneficiarás de ello. ¿Cómo es tu obediencia a Cristo? ¿Necesita Dios permitir más sufrimiento para perfeccionarte y enseñarte la obediencia? ¿Está Dios llamándote a tomar decisiones costosas? ¿Podría Dios permitir tu sufrimiento actual para que crezcas en obediencia?

Los últimos dos versículos de las bienaventuranzas

La enseñanza de Jesús sobre la persecución es compatible con muchas de sus otras enseñanzas: vivir una vida cómoda ahora, pero pagar el precio por ella en la eternidad, o sufrir ahora, y cosechar recompensas eternas. Los versos finales de las bienaventuranzas prometen bendiciones y abundantes recompensas celestiales para los que son perseguidos por su fe:

11 Bienaventurados sois cuando por mi causa os vituperen y os persigan, y digan toda clase de mal contra vosotros, mintiendo. 12 Gozaos y alegraos, porque vuestro galardón es grande en los cielos; porque así persiguieron a los profetas que fueron antes de vosotros. (RVR)

NTV: *»Dios los bendice a ustedes cuando la gente les hace burla y los persigue y miente acerca de ustedes y dice toda clase de cosas malas en su contra porque son mis seguidores. ¡Alégrense! ¡Estén contentos, porque les espera una gran recompensa en el cielo! Y recuerden que a los antiguos profetas los persiguieron de la misma manera.*

1. Para calificar como persecución, debe ser el resultado de tu identificación con Jesús, siendo reconocido como su

seguidor y haciendo lo correcto. La persecución por tu propia necedad no cuenta.

2. Puedes esperar ser burlado, insultado y que se digan todo tipo de cosas malas dichas de ti (probablemente mentiras o verdades a medias).

3. No sólo debes soportar la persecución, sino gozarte y alegrarte en ella, porque los demás ven a Jesús en ti y dirigen su odio hacia Él hacia ti.

4. Estás recibiendo el mismo tratamiento que los fieles hombres y mujeres de Dios han experimentado a lo largo de los siglos; no es algo fuera de lo común.

Después del sufrimiento

Recuerden aquellos días pasados cuando ustedes, después de haber sido iluminados, sostuvieron una dura lucha y soportaron mucho sufrimiento. Unas veces se vieron expuestos públicamente al insulto y a la persecución; otras veces se solidarizaron con los que eran tratados de igual manera. También se compadecieron de los encarcelados, y cuando a ustedes les confiscaron sus bienes, lo aceptaron con alegría, conscientes de que tenían un patrimonio mejor y más permanente. Así que no pierdan la confianza, porque ésta será grandemente recompensada (Hebreos 10:32-35).

La iglesia perseguida tiende a producir creyentes fuertes. En muchos países donde la persecución ha terminado, la iglesia se ha vuelto complaciente y ha perdido su fervor anterior. Los creyentes que recibieron la carta a los Hebreos habían conocido una severa persecución. Ahora, después de un período de paz, están sufriendo de nuevo y luchando por mantener su fe.

- Una rica recompensa espera a aquellos que perseveran y soportan la persecución.

- Parte de la persecución anterior incluyó la confiscación de sus bienes. En lugar de lamentarse y luchar por sus derechos, lo habían aceptado con alegría, conscientes de que nuestras posesiones palidecen en comparación con las posesiones duraderas que nos esperan en el cielo. ¡La persecución nos ayuda a centrarnos en la eternidad!

- Los insultos y la persecución son a menudo públicos; visibles para todo el mundo.

- Si has sido agraciado para evitar la persecución, estás llamado a estar al lado de los que sufren. Grupos como *Voz de los Mártires* te permiten apoyar a la iglesia perseguida.

- Dios puede llamarte a identificarte con aquellos que están sufriendo. En este caso, incluía visitar a los encarcelados por su fe y posiblemente incluso pasar tiempo con ellos en la cárcel.

La experiencia de los héroes de la fe

¿Crees que tu gran fe te guardará del sufrimiento, o que el sufrimiento es un signo de una fe débil? ¿Crees que tu vida es dura? Esta es la experiencia de muchos de los grandes héroes de la fe:

Otros sufrieron la prueba de burlas y azotes, e incluso de cadenas y cárceles. Fueron apedreados, aserrados por la mitad, asesinados a filo de espada. Anduvieron fugitivos de aquí para allá, cubiertos de pieles de oveja y de cabra, pasando necesidades, afligidos y maltratados. ¡El mundo no merecía gente así! Anduvieron sin rumbo por desiertos y montañas, por cuevas y cavernas (Hebreos 11:36-38).

¡Realmente no lo tenemos tan duro! ¡Ora por los que son perseguidos y están muriendo por su fe!

La promesa y provisión de Dios en medio del sufrimiento

Si tú estás libre de problemas, ¡gloria a Dios! No necesitamos un complejo mártir ni provocar la persecución para que, de alguna manera, cosechemos más bendiciones. Pero no seas complaciente. Especialmente con la situación actual del mundo, podemos esperar que la persecución vaya a aumentar. ¿Estás preparado? ¿Vas a ser capaz de soportarla e incluso regocijarte en medio del sufrimiento?

El testimonio de innumerables creyentes perseguidos es que, en medio de su sufrimiento, experimentan el amor de Dios como nunca antes. ¡Nada te separará del amor de Cristo! ¡Eres más que vencedor en cada situación!

¿Quién nos separará del amor de Cristo?

¿Tribulación, o angustia, o persecución, o hambre, o desnudez, peligro, o espada?

Como está escrito:
Por causa de ti somos muertos todo el tiempo;
Somos contados como ovejas de matadero.

Antes, en todas estas cosas somos más que vencedores por medio de aquel que nos amó.

(Romanos 8:35-37)

9

La naturaleza del Reino de los Cielos

Mateo 18:1-20

El Sermón del Monte contiene la enseñanza más comprensiva sobre el ADN del reino de Dios, pero el reino es un tema central en todo el evangelio de Mateo. Hay cinco discursos por parte de Jesús; el Sermón del Monte es el primero, y el último es el capítulo 24, sobre su segunda venida. Este cuarto discurso aplica los valores del reino a nuestras relaciones.

¿Quién es el más importante?

El capítulo empieza con esta pregunta de parte de los discípulos:

¹—¿Quién es el más importante en el reino de los cielos?

Seguramente la respuesta de Jesús los sorprendió:

² Él llamó a un niño y lo puso en medio de ellos. ³ Entonces dijo: —Les aseguro que a menos que ustedes cambien y se vuelvan como niños, no entrarán en el reino de los cielos. ⁴ Por tanto, el que se humilla como este niño será el más grande en el reino de los cielos. ⁵Y el que recibe en mi nombre a un niño como este, me recibe a mí.

No es una cuestión de *ser grande* en el reino, sino de *entrar* en él. Los discípulos tienen una mentalidad equivocada, la mentalidad del mundo, que busca la posición, el poder y las cosas materiales. Para entrar en el reino (para ser salvos), primero tenemos que abandonar esa mentalidad, cambiar (arrepentirnos) y volvernos como un niño. Por supuesto, físicamente eso no es posible, así como no es posible volver al vientre de tu madre para nacer de nuevo. Pero espiritualmente, tenemos que humillarnos y empezar de nuevo, como un bebé, y tener la humildad, la sencillez y el corazón de un niño. Es fácil competir por puestos en la iglesia, estar preocupado por la organización del reino y hacer de la iglesia un negocio. Es más difícil hacerse como un niño—débil y dependiente y sin estatus social ni influencia.

Aún más, Jesús bendice de una manera especial a la persona que *recibe* a un niño en su nombre, similar a lo que Él dice en Marcos 9:41: *Les aseguro que cualquiera que les dé un vaso de agua en mi nombre por ser ustedes de Cristo no perderá su recompensa,* o en Mateo 25:40, cuando Jesús habló de ministrar a los más necesitados: *El Rey les responderá: "Les aseguro que todo lo que hicieron por uno de mis hermanos, aun por el más pequeño, lo hicieron por mí".* Parte de humillarse como niño es recibir a otros "niños" con los brazos abiertos; la gente desechada por el mundo debe hallar una bienvenida en la iglesia.

¿Crees que has entrado en el reino? ¿Te has vuelto y cambiado para tener la humildad de un niño? ¿Recibes a los niños? ¿O todavía tienes la mentalidad del mundo, buscando posición, fama, riquezas y poder?

La gravedad del pecado

⁶ Pero, si alguien hace pecar a uno de estos pequeños que creen en mí, más le valdría que le colgaran al cuello una gran piedra de molino y lo hundieran en lo profundo del mar. ⁷ ¡Ay del mundo por las cosas que hacen pecar a la gente! Inevitable es que sucedan, pero ¡ay del que hace pecar a los demás! ⁸ Si tu mano o tu pie te hace pecar, córtatelo y arrójalo. Más te vale entrar en la vida manco o cojo que ser arrojado al fuego eterno con tus dos manos y tus dos pies. ⁹ Y, si tu ojo te hace pecar, sácatelo y arrójalo. Más te vale entrar tuerto en la vida que con dos ojos ser arrojado al fuego del infierno.

Hacer pecar (o tropezar) a un niño (o alguien humilde, con la fe de un niño) es un pecado muy grave. Un niño por naturaleza confía, y la traición por parte de un pastor, un padre o alguien en quien puso su confianza, es muy destructiva. Por desgracia, en este mundo es inevitable que haya tropiezos, pero quien hace pecar a otro será juzgado más severamente. Tenemos que hacer todo lo necesario y lo posible para evitar el pecado y no tropezar a un niño.

Jesús nos da dos ejemplos extremos para comunicar la gravedad del pecado y la necesidad de ser implacables en resistirlo. Por supuesto, Él no espera que colguemos una piedra al cuello del transgresor y la tiremos al mar para hundirlo. Tampoco espera que nos mutilemos. ¡La iglesia estaría llena de cojos y ciegos! Hay historias confirmadas de hombres que se han cortado el miembro masculino para evitar el pecado. ¡Jesús no quiere eso!

Decir "él me hizo pecar" tampoco es una excusa para el pecado. El que permanece en pecado, que lo practica, no puede entrar en el reino; no se ha arrepentido, y no tiene el corazón ni la sencillez de un niño. El infierno y su fuego eterno son reales. No hay lugar alguno para el pecado en el reino de Dios.

- ¿Sirves como una piedra de tropiezo para algún niño?

- ¿Hay alguien a quien tienes que perdonar porque te hizo pecar en el pasado?

- ¿Has aceptado tu propia responsabilidad por el pecado, o solo culpas a esa persona?

- ¿Estás haciendo todo lo necesario para evitar el pecado? Si tienes que cortar Internet para evitar la pornografía, ¿estás dispuesto a tomar esa medida radical?

La importancia de cada pequeño

[10] *»Miren que no menosprecien a uno de estos pequeños. Porque les digo que en el cielo los ángeles de ellos contemplan siempre el rostro de mi Padre celestial.*

Jesús acaba de decir que un pequeño es el más grande en el reino, pero la tendencia humana no es exaltar al niño, sino menospreciarlo. ¿Cómo? Menospreciar es: "Tener a una cosa o a una persona en menos de lo que es o de lo que merece; desdeñar, despreciar" (*Diccionario de la lengua española*). Si hacemos tropezar a un niño, lo menospreciamos. ¿Y por qué es tan grave?

Jesús introduce aquí el concepto bien conocido de un "ángel guardián". Aparentemente, cada persona tiene un ángel que mora en la presencia de Dios, pero los ángeles de los pequeños tienen un acceso especial; siempre contemplan el rostro del Padre. Si ellos tienen ese privilegio, nosotros también deberíamos honrar a los pequeños en nuestro medio.

¹²»¿Qué les parece? Si un hombre tiene cien ovejas y se le extravía una de ellas, ¿no dejará las noventa y nueve en las colinas para ir en busca de la extraviada? ¹³Y, si llega a encontrarla, les aseguro que se pondrá más feliz por esa sola oveja que por las noventa y nueve que no se extraviaron. ¹⁴Así también, el Padre de ustedes que está en el cielo no quiere que se pierda ninguno de estos pequeños.

En el reino, cada persona tiene un valor infinito. Dios hará todo lo posible por buscar y encontrar una oveja descarriada. Hay un gozo muy especial cuando la persona apartada se arrepiente y vuelve al redil. Nos recuerda la parábola del hijo perdido: el gozo del padre cuando el hijo vuelve a casa y los celos del hermano mayor (Lucas 15:11-31). Aquí, la oveja perdida es un pequeño. Tal vez los pequeños sean más propensos a extraviarse, pero el corazón del Padre es muy tierno hacia ellos.

La Biblia nos da muchas armas para nuestras oraciones. El verso 14 dice claramente que no es la voluntad del Padre perder a ninguno de sus pequeños. Pedro lo amplía más para incluir a todos: *El Señor no quiere que nadie perezca, sino que todos se arrepientan* (2 Pedro 3:9). Si estás intercediendo por un cónyuge o hijo descarriado, tú puedes reclamar esta palabra. La persona que busca a ovejas descarriadas y se preocupa por los pequeños va a recibir una bendición especial y la ayuda del Padre. El hombre que causa que una de estas ovejas se extravíe será juzgado con dureza.

- ¿Hay una oveja extraviada en tu iglesia que tienes que buscar? ¿O en tu familia?
- ¿Cuál es tu actitud hacia los hermanos apartados? ¿Haces comentarios y chismes sobre ellos?

- ¿Tienes que orar con más fe por alguna oveja descarriada? ¡Tu Padre no quiere perderla!

El hermano que peca contra ti

[15] »Si tu hermano peca contra ti, ve a solas con él y hazle ver su falta. Si te hace caso, has ganado a tu hermano. [16] Pero, si no, lleva contigo a uno o dos más, para que "todo asunto se resuelva mediante el testimonio de dos o tres testigos". [17] Si se niega a hacerles caso a ellos, díselo a la iglesia; y, si incluso a la iglesia no le hace caso, trátalo como si fuera un incrédulo o un renegado.

Algunos manuscritos antiguos dicen que el hermano "peca contra ti", otros simplemente dicen "peca". Lo importante es mantener el Cuerpo de Cristo limpio y libre del pecado, y es la responsabilidad de cada miembro hacer su parte. En el reino, no hay lugar para el resentimiento, el odio, la venganza o los chismes. Si alguien peca contra ti, no chismees. Hay un proceso claro que seguir:

- Puede ser difícil, pero habla con la persona a solas, orando para que el Espíritu Santo le revele su falta. Puede ser que tú estés equivocado y él no haya cometido ninguna ofensa.

- Si no te recibe y no pide perdón ni a ti ni a Dios, entonces hay que llevar a uno o dos más (como el pastor o un anciano). No es para atacarlo en grupo, sino en amor buscar una resolución del problema.

- Si todavía la persona se niega a escuchar, lleva el caso ante la iglesia. No es para condenar al hermano, sino para orar por él y buscar una salida para él.

- Si no se arrepiente de su pecado, ya no lo consideramos un hermano en Cristo.

Esta cuestión de disciplina en la iglesia es muy delicada y requiere mucha oración y unción del Espíritu Santo. Si intentamos hacerlo en la carne, podemos dañar a la persona e incluso podríamos perderla para siempre. También tenemos que balancear lo que Cristo acaba de decir sobre buscar a la oveja perdida (18:12) con el trato de esta persona como un incrédulo o un renegado. El deseo del Padre (que siempre debe ser nuestra meta también) es la restauración del hermano. Seguimos orando y haciendo lo que podamos; a continuación, hay una herramienta poderosa que Dios nos ha dado para esa lucha.

Hay poder y autoridad en el ADN del reino

[18] »Les aseguro que todo lo que ustedes aten en la tierra quedará atado en el cielo, y todo lo que desaten en la tierra quedará desatado en el cielo. [19]Además les digo que, si dos de ustedes en la tierra se ponen de acuerdo sobre cualquier cosa que pidan, les será concedida por mi Padre que está en el cielo. [20] Porque donde dos o tres se reúnen en mi nombre, allí estoy yo en medio de ellos».

Hemos visto claramente la necesidad de humildad, reconciliación y pureza en la iglesia. No podemos tolerar el pecado; nos separa de Dios y de otros hermanos. Pero Jesús sabe que a veces, a pesar de nuestros esfuerzos:

- Todavía habrá piedras de tropiezo en la iglesia.

- Habrá pecado que nos ata, que no podemos vencer.

- Habrá ovejas descarriadas que no quieren volver al redil, hermanos perdidos.

- Habrá algunos ofendidos por la disciplina de la iglesia que no se arrepienten. Puede causar divisiones en la iglesia y la persona puede caer en pecado muy grave.

La tentación de muchas iglesias es rechazar al hermano, chismear acerca de él y hacer comentarios sobre cómo andaba con malos compañeros o sobre su inconsistencia en los diezmos o en la asistencia a la iglesia. Pero aquí, Jesús nos ofrece otra opción: Dios mismo comparte su autoridad y poder con nosotros.

Tradicionalmente, la iglesia ha enseñado que esta autoridad para atar y desatar se relaciona con perdonar a este pecador o no. Según ellos, si la persona no se arrepiente, le "atamos" en una prisión de disciplina o excomunión. Si se arrepiente, le "desatamos" de culpa y le perdonamos. Puede ser que eso sea todo lo que Cristo quiso decir aquí, pero Él no incluye ninguna condición para atar o desatar; es "todo"." En el reino, tenemos la autoridad de atar a ese espíritu maligno que hace que un hermano sirva de tropiezo en la iglesia. Atamos esas adicciones que mantienen a un hermano en drogas o pornografía. Atamos aquella ceguera que impide que un hermano vea su fracaso. Y desatamos el perdón, la misericordia, la humildad y el poder de Dios.

La misma autoridad de atar y desatar fue dada a Pedro cuando él confesó a Cristo como Mesías:

—*Tú eres el Cristo, el Hijo del Dios viviente —afirmó Simón Pedro.*

—*Dichoso tú, Simón, hijo de Jonás —le dijo Jesús—, porque eso no te lo reveló ningún mortal, sino mi Padre que está en el cielo. Yo te digo que tú eres Pedro, y sobre esta piedra edificaré mi iglesia, y las puertas del reino de la muerte no prevalecerán contra ella. Te daré las llaves del reino de los cielos; todo lo que ates en la tierra quedará atado en el cielo, y todo lo que desates en la tierra quedará desatado en el cielo* (Mateo 16:16-19).

Algunos erróneamente han creído que Cristo le dio a Pedro una autoridad única como el primer "papa" de la iglesia. Pero aquí, en el capítulo 18, Jesús le da esa misma autoridad a cada creyente. La "piedra" de la iglesia es la fe de que Cristo es el Hijo de Dios. ¡El reino de Dios es un reino de poder! Y aquí también Él nos da una promesa maravillosa: si dos creyentes se ponen de acuerdo con respecto a cualquier cosa que pidan, el Padre la concederá. Es un cheque en blanco, *"cualquier cosa"*. No hay condición: *"les será concedida"*. Pero tenemos que estar de acuerdo. Por eso, la unidad y la reconciliación entre hermanos son tan importantes. No es un acuerdo superficial, sino el mismo sentir, el mismo corazón, un acuerdo en el Espíritu. La misma autoridad para atar y desatar es dada aquí, pero en este caso no está en el contexto de la disciplina de un hermano, sino en la función del reino.

Jesús mismo está siempre presente cuando dos o tres están reunidos en su nombre. La iglesia no es un juego, ni un club social, ni un negocio. Es el Cuerpo de Jesús, la manifestación del reino de Dios aquí en la tierra. Cada miembro tiene gran valor, gran poder y gran autoridad.

¡Yo también era un pecador! ¡Dios me salvó! Tengo que ser paciente, compasivo y misericordioso con los pecadores. Perdonar no es opcional. Si yo no perdono de corazón a mi hermano, Dios no me perdonará, y seré torturado en el fuego eterno del infierno.

Si los pequeños son maltratados, si hay pecado, división y desacuerdo, Cristo no estará presente, no habrá autoridad para atar y desatar, y no habrá oración contestada. Todo este capítulo nos llama a humillarnos, a reconocer la misericordia de Dios en nuestras vidas y a ofrecer la misma misericordia y perdón a otros.

Esa humildad y unidad tocan el corazón del Padre y desatan su poder para nosotros.

10

Una cena con Jesús
Lucas 14:1-24

Queremos aplicar las Bienaventuranzas a la vida diaria y andar como Jesús anduvo. Este capítulo nos ofrece una buena oportunidad para acompañar a Jesús, observar cómo se relaciona con la gente y aprender algo más acerca del ADN del reino.

A todos les gusta una invitación a cenar con unos amigos, pero una cena puede ser muy diferente con Jesús como el convidado especial. En solo unas pocas horas Él sana, enseña y se enfrenta a gente importante de esa comunidad. ¡Qué ejemplo para nosotros! Aprovecha oportunidades en cenas o cualquier ocasión.

¹Un día Jesús fue a comer a casa de un notable de los fariseos. Era sábado, así que estos estaban acechando a Jesús. ²Allí, delante de él, estaba un hombre enfermo de hidropesía.

NTV: *Cierto día de descanso, Jesús fue a cenar en la casa de un líder de los fariseos, y la gente lo observaba de cerca. Había allí un hombre que tenía hinchados los brazos y las piernas.*

La situación:

- Era el día de reposo, un día para descansar, estar con la familia, adorar a Dios y congregarse con otros creyentes.

- La ley judía prohibió trabajar ese día, pero a través de los años, los rabinos habían agregado muchas reglas para guardar el sábado. Ya era más una obligación que una bendición.

- A veces Jesús enseñaba en la sinagoga en el día de reposo. No sabemos si lo hizo ese sábado o no.

- Es casi seguro que ya fueron al servicio en la sinagoga y ahora van a comer.

¿Has notado que a Jesús le gustaba comer? ¡Muchas veces lo vemos en las comidas! Compartió una última cena con sus discípulos antes de su arresto. Preparó un desayuno para ellos como uno de sus últimos actos aquí en la tierra. Y esperamos un gran banquete en las bodas del Cordero. ¡Qué deliciosa será la comida allá!

Jesús no tenía casa propia, ni cocina, ni mujer, pero Dios siempre proveía el alimento que necesitaba. Recibió muchas invitaciones para comer en los hogares. Nunca lo vemos en un restaurante y nunca lo vemos rechazando una invitación. Es un buen ejemplo: Invita a la gente a tomar un café o una cena en tu casa.

Jesús estaba cómodo en casas grandes y en casas muy humildes. Esta era una casa muy cómoda. Parece que había mucha gente presente, y gente importante. Este fariseo era un gobernante, un líder de los fariseos. Sabemos que había conflictos entre Jesús y los fariseos, pero si lo invitaban a su hogar, incluso con motivos mixtos, Jesús iría con gusto. Él confiaba en su Padre como su "secretaria social" y sabía que su visita tendría un propósito.

Cuando tenemos esa actitud, Dios nos dará muchas oportunidades para ministrar.

Le acechaban

¿Sabes cómo es tener a gente vigilándote? Tal vez gente de otro país, cultura o clase. O tu jefe. O el pastor. A veces, se siente como un animal en un zoológico.

Muchos observaban a Jesús de cerca, buscando una razón para acusarlo. La versión *Dios Habla Hoy* dice: *otros fariseos lo estaban espiando.* Lo estaban mirando con cautela. Esta comida era una trampa. Ésta no fue la primera vez; Jesús lo sabía, y no le importa. ¿Cómo respondes tú a una trampa? ¿Te enojas o peleas con la gente? Busca la sabiduría de Dios sobre cómo responder para glorificarlo y cumplir sus propósitos. A veces es mejor irse.

Y tú, ¿estudias a Jesús? ¿Siempre estás observando cómo Él trabaja en otros, en la iglesia y en tu vida? ¿Estudias su ejemplo en los evangelios?

Sólo una cosa estaba fuera de orden en esta cómoda casa: un hombre hidrópico. Pero estaba en un buen lugar, delante de Jesús. No sabemos exactamente cuál era su enfermedad; esta es la única vez que la palabra griega aparece en el Nuevo Testamento. La enfermedad la conocería Lucas, quien era médico. Parece que fue una acumulación anormal de líquido en sus tejidos y cavidades. Él podría estar muy hinchado y feo. Para los judíos, era un signo de inmundicia e inmoralidad. No sabemos si el hombre también fue alguien importante. No lo creo, porque Jesús lo despidió después de que lo sanó, probablemente para ir y compartir las buenas nuevas con su familia. Yo creo que le llevaron para poner a prueba a Jesús, a ver si se sanaría el sábado o no. En siete ocasiones Jesús sanó en sábado; fue una de las cosas más controvertidas de su ministerio, pero Jesús nunca huyó de la controversia.

¿Cómo manejas una trampa?

Es un momento tenso: Toda esta gente religiosa y piadosa, y un hombre enfermo, de una clase más baja. ¿Qué hará Jesús? Hubo un silencio profundo.

No temas la prueba o la situación complicada. Dios te dará sabiduría. Mantente firme en tus convicciones. Confía en el Señor. Si estás en su voluntad, Él te ayudará.

³ Jesús les preguntó a los expertos en la ley y a los fariseos: — ¿Está permitido o no sanar en sábado?

⁴ Pero ellos se quedaron callados. Entonces tomó al hombre, lo sanó y lo despidió.

Jesús sabe muy bien lo que hay en sus corazones. Él tiene su propia trampa para ellos. Jesús era un experto en el uso de preguntas: Mejor que atacar a alguien, se le obliga a pensar y responder a una pregunta, y condenarse a sí mismo. El Señor te dará sabiduría para formular preguntas que obligarán a la persona a dar la respuesta deseada.

Los fariseos están entre la espada y la pared:

- Si dicen que no es lícito, no hay ninguna cita bíblica para apoyarlos, y parecerán crueles.

- Pero si dicen que es lícito, van en contra de sus propias normas y ya han perdido esta batalla.

No podían contestar. Se quedaron callados. (¿Lo has hecho con tu esposa?)

Cuando dice que Jesús *tomó* al hombre enfermo, visualizo a Jesús poniendo su mano sobre él y abrazándolo. Instantáneamente fue sanado. Es difícil discutir con un milagro. Jesús no tuvo que decir nada. Creo que necesitamos menos palabras y más poder; más manifestaciones del Espíritu, más curaciones y liberaciones. Es como el hombre ciego que Jesús sanó: No podían discutir; sus padres dijeron: *Lo que sabemos es que era ciego, y ahora ve* (Juan 9:20-21). Hay algunos hoy en día que dicen que Dios no hace milagros y no sana, pero es difícil ignorar una curación que está ante ti.

Invitaron a Jesús a la cena para acusarlo. Aunque algunos podrían señalar la hipocresía y los corazones endurecidos de los fariseos, Jesús no lo hizo. Él no quiere perderlos.

> *Dios no envió a su Hijo al mundo para condenar*
> *al mundo, sino para salvarlo por medio de él*
> (Juan 3:17).

Todavía tiene mucho que decirles, y Él sabe que hay algunos presentes que tienen oído para oír. Él simplemente hace otra pregunta:

⁵ También les dijo: —Si uno de ustedes tiene un hijo o un buey que se le cae en un pozo, ¿no lo saca en seguida aunque sea sábado?

⁶ Y no pudieron contestarle nada.

Jesús sabía muy bien sus prácticas. Sabía que salvarían la vida de un buey, pero no permitirían la curación de un hombre. Si vamos a enfrentar la hipocresía en la iglesia y en la sociedad, tenemos que saber qué creen y qué practican, y entonces aprender de Jesús cómo tratar con su hipocresía. Otra vez, Jesús les pregunta algo obvio que no pudieron contestar.

No sabemos cuánto duró este silencio. Tal vez una doncella finalmente salió de la cocina para anunciar que la comida estaba lista, y todos buscaron asientos. Nada ha cambiado en 2000 años: siempre hay algunos que quieren ser primeros en la fila para el buffet, con los mejores asientos, o sentarse al lado del pastor. Pero en lugar de sentar a Jesús en un lugar importante, parece que lo dejaron para buscar su propio asiento, y Él esperó hasta que todos estuvieran sentados, porque tenía otra lección que enseñar.

Evitar la vergüenza

⁷Al notar cómo los invitados escogían los lugares de honor en la mesa, les contó esta parábola: ⁸—Cuando alguien te invite a una fiesta de bodas, no te sientes en el lugar de honor, no sea que haya algún invitado más distinguido que tú. ⁹Si es así, el que los invitó a los dos vendrá y te dirá: "Cédele tu asiento a este hombre". Entonces, avergonzado, tendrás que ocupar el último asiento. ¹⁰Más bien, cuando te inviten, siéntate en el último lugar, para que cuando venga el que te invitó, te diga: "Amigo, pasa más adelante a un lugar mejor". Así recibirás honor en presencia de todos los demás invitados.

Los fariseos no eran los únicos que observaban. Jesús también estaba observando todo lo que sucedía, y lo que observó es muy normal: el hombre, por naturaleza, busca el primer lugar. El mejor asiento. Jesús aprovecha la oportunidad para revelar sus corazones, pero otra vez con clase. Él usa una parábola y el ejemplo de una boda. Puede ser que Jesús simplemente quiera salvarlos de la vergüenza. Dice algo que tiene sentido común, pero que a menudo olvidamos en nuestro deseo de exaltarnos.

Aprende de Jesús cómo usar parábolas y comunicar la verdad sin alienar a la gente. Jesús no los acusa de ser egoístas ni de enaltecerse. Él les permite ser condenados por su propia conciencia. Ellos no son sordos; reciben el mensaje.

»Más bien, ocupa el lugar más humilde, al final de la mesa. Entonces, cuando el anfitrión te vea, vendrá y te dirá: "¡Amigo, tenemos un lugar mejor para ti!". Entonces serás honrado delante de todos los demás invitados. (NTV)

¡No está mal ser honrado delante de otros! El problema es buscar esa gloria u honra. En toda la vida, siéntate en el último lugar. Toma el lugar más humilde. Espera a que alguien más te diga: "Amigo, pasa más adelante a un lugar mejor." Y si no te dice nada, regocíjate en el lugar humilde.

Es una lección que estos fariseos ya deberían saber, porque Jesús estaba citando Proverbios 25:6-7:

> *No te des importancia en presencia del rey,*
> *ni reclames un lugar entre los magnates;*
> *vale más que el rey te diga: «Sube acá»,*
> *y no que te humille ante gente importante.*

Si tú estás en una posición para honrar a alguien que lo merece, ofrécele un lugar mejor; de esa manera puedes bendecir y animar a otros. Solo no caigas en la trampa de honrar a gente por razones políticas o para tu propio beneficio.

El que se humilla, será enaltecido

11Todo el que a sí mismo se enaltece será humillado, y el que se humilla será enaltecido.

NTV: *Pues aquellos que se exaltan a sí mismos serán humillados, y los que se humillan a sí mismos serán exaltados.*

Aquí está el principio universal: Jesús comparte el corazón de Dios, y muchos en su audiencia pueden estar condenados por su falta de humildad. Jesús tiene su atención. Tienen un nuevo respeto por Él. Están impresionados con su forma de comunicar la verdad.

En tu enseñanza y estudio de la palabra, siempre busca algún punto clave, algo que la gente pueda recordar. Es más impactante si es una situación real y un ejemplo práctico, como aquí, en medio de la comida. Gente sentada en la iglesia, escuchando una prédica de media hora (o una hora y media), pierde mucho.

¿Crees que tú mereces un lugar especial en el reino? Confía en Dios. Humíllate. Confía en que en su tiempo Dios te enaltecerá. Ten cuidado de no exaltarte a ti mismo en tu hogar, en tu iglesia o en tu trabajo.

Jesús comienza con algo obvio y más sencillo, pero ahora va a tratar tres temas cada vez más profundos.

Consejos para una cena exitosa

[12]También dijo Jesús al que lo había invitado: —Cuando des una comida o una cena, no invites a tus amigos, ni a tus hermanos, ni a tus parientes, ni a tus vecinos ricos; no sea que ellos, a su vez, te inviten y así seas recompensado.

Jesús le habla directamente al dueño de la casa; sabe muy bien que todos los invitados (menos Él y el hombre que Jesús sanó) son amigos, familia o gente rica de la comunidad. Probablemente el hombre tenía varios motivos para invitarlos:

- Darles la oportunidad de conocer a este nuevo rabino, tan popular y polémico.
- Ser el primero en ese pueblo en invitar a Jesús a su hogar.
- Impresionar a Jesús de que es alguien importante en la comunidad.

Primer consejo:

- Examina tus motivos para hacer una comida.
- No invites siempre a las mismas personas.
- No hagas algo con el motivo de ser recompensado y reconocido.
- No llames a tus amigos, parientes o vecinos ricos.

13Más bien, cuando des un banquete, invita a los pobres, a los inválidos, a los cojos y a los ciegos. 14 Entonces serás dichoso, pues aunque ellos no tienen con qué recompensarte, serás recompensado en la resurrección de los justos.

Cuando yo era niño, mi madre cuidadosamente notaba a quién invitaba a la casa y si luego nosotros éramos invitados a sus casas. Si ellos no devolvían la invitación, ya no eran invitados a la nuestra. Eso es muy común. Aún se enseña en muchas iglesias que ofrendemos para recibir más en recompensa. Pero Jesús dice que la recompensa más importante está en el futuro, en la resurrección. Implica que si te recompensan ahora, esa será tu única recompensa. Y confirma que sí, habrá una resurrección de los justos. ¡Qué hermosa esperanza tenemos!

Segundo consejo:

1.   Bendice a los que no pueden recompensarte.
2.   Llama a la gente que nadie quiere invitar a sus casas. (No significa que sea un pecado invitar a tu familia a cenar.)
3.   No hagas solamente una comida o cena para ellos, hazles un banquete.

¿Quiénes son los pobres, mancos, cojos y ciegos que puedes invitar a tu casa? Jesús dice: *cuando* hagas banquete, no *si* hagas banquete. La hospitalidad es una parte importante de ser cristiano. ¿Cómo cambiarían tu iglesia y tu comunidad si todos los cristianos pusieran en práctica estos simples consejos? ¿No te dije que andar como Jesús anduvo va en contra de nuestro estilo de vida? La verdad es que nuestras vidas se parecen más a las de los fariseos que al ejemplo de Jesús.

15Al oír esto, uno de los que estaban sentados a la mesa con Jesús le dijo: —¡Dichoso el que coma en el banquete del reino de Dios!

¿Qué es esto? Parece que este hombre se siente obligado a decir algo profundo, pero no sabe lo que está diciendo. Posiblemente, él quiere decir que es mejor comer pan en el reino de Dios que un rico banquete ahora, o tal vez quiera espiritualizar lo que Jesús dijo porque no quiere invitar a los pobres a su casa. El hombre puede estar seguro de que estará en esa resurrección, pero abre la puerta para que Jesús comparta otro tema, advirtiendo a la gente sobre esperanza falsa. Escucha con atención lo que la gente a tu alrededor dice y aprovecha esas puertas abiertas para compartir la Palabra de Dios.

El problema que tiene Dios con sus convidados

16Jesús le contestó: —Cierto hombre preparó un gran banquete e invitó a muchas personas. 17A la hora del banquete mandó a su siervo a decirles a los invitados: "Vengan, porque ya todo está listo".

Jesús está atacando algo fundamental de los judíos. Eran el pueblo escogido; estaban muy confiados y aún orgullosos de ser escogidos. No entendían que Dios quería incluir también a los gentiles en su reino.

El hombre aquí (el Padre) invitó a la gente de antemano, y estos aceptaron la invitación. Ahora todo está preparado, y Jesús dice que los convidados – los escogidos de Dios – ya no quieren ir. Pueden ser escogidos, pero todavía tienen libre albedrío. Están ocupados en cosas de este mundo, y no entrarán en la cena; no entrarán en el reino de los cielos.

18Pero todos, sin excepción, comenzaron a disculparse. El primero le dijo: "Acabo de comprar un terreno y tengo que ir a verlo. Te ruego que me disculpes". 19 Otro adujo: "Acabo de comprar cinco yuntas de bueyes, y voy a probarlas. Te ruego que me disculpes". 20 Otro alegó: "Acabo de casarme y por eso no puedo ir".

Las excusas que Jesús menciona todavía son muy comunes:

- "He comprado." El dinero y las cosas que compramos muchas veces ocupan más importancia en nuestras vidas que una relación con el Dios vivo. Si tienes más dinero, luego compras más y tienes más distracciones.

- Casas, haciendas y propiedades pueden ocupar más importancia que las cosas de Dios.

- El trabajo (las yuntas de bueyes) tiene prioridad para muchas personas.

- La mujer, el sexo y la familia son bendiciones de Dios, pero Cristo todavía tiene que ser Señor. Y cuando Dios llama, tenemos que responder a su llamada.

Tenían la cortesía de excusarse, pero no nos corresponde a nosotros decidir cuándo vamos a responder a Dios. No hay excusa para rechazar su llamada. Es posible aceptar la invitación de venir a Cristo, pero luego ocuparse en las cosas del mundo y nunca caminar con Cristo.

21El siervo regresó y le informó de esto a su señor. Entonces el dueño de la casa se enojó y le mandó a su siervo: "Sal de prisa por las plazas y los callejones del pueblo, y trae acá a los pobres, a los inválidos, a los cojos y a los ciegos".

¿Notaste algo aquí? ¡Es la misma gente a la que Jesús nos mandó a invitar a nuestras casas en el verso 13! El Padre está enojado por las excusas de los que Él ha invitado a su cena. Hay una ira justificada de Dios hacia aquellos que rehúsan su llamada.

²²"Señor —le dijo luego el siervo—, ya hice lo que usted me mandó, pero todavía hay lugar".²³ Entonces el señor le respondió: "Ve por los caminos y las veredas, y oblígalos a entrar para que se llene mi casa. ²⁴ Les digo que ninguno de aquellos invitados disfrutará de mi banquete".

¡Dios quiere su casa llena! ¡Ve a las plazas y calles de la ciudad e invita a todo el mundo a Cristo! ¿Estás invitando a todos a su casa? ¿A su cena? ¡Fuérzalos a entrar!

Todo esto sucedió en pocas horas en la casa de alguien a quien no le gusta Jesús, durante una comida.

- ¿Estás dispuesto a compartir la Palabra en hogares, en comidas y en la vida diaria de tu comunidad? ¿O siempre estás encerrado en la iglesia?

- ¿Estás ligado a la religión? ¿O tienes la libertad de amar y ministrar a la gente más pequeña de este mundo?

- ¿Estás buscando estatus y posición en tu trabajo o en tu iglesia? ¿O estás dispuesto a humillarte y confiar en que Dios te exaltará en su tiempo?

- ¿Estás dispuesto a obedecer a Dios cuando Él te llama? ¿Cuáles son tus excusas para tu desobediencia?

11

Tú eres la sal de la tierra
Mateo 5:13

En su oración en Juan 17, Jesús dice que no *somos* del mundo, sino que hemos sido *enviados al* mundo tal como su Padre envió a Jesús a esta tierra. En este lugar oscuro y decadente, Él dice que somos la sal de la tierra y la luz del mundo. Jesús describió a la persona bendecida (quien tiene el ADN del reino) como hambrienta, sedienta, mansa, llorona y pobre de espíritu; no es una persona que se espere que tenga un impacto transformador en su mundo. Y la persona bendecida no es bien recibida; de hecho, puede esperar ser perseguida. Pero también es justa, misericordiosa y pacificadora, de corazón puro, lo cual le ayuda a ser sal y luz.

La sal de la tierra

¹³*Vosotros sois la sal de la tierra; pero si la sal se desvaneciere, ¿con qué será salada? No sirve más para nada, sino para ser echada fuera y hollada por los hombres.* (RVR)

»*Ustedes son la sal de la tierra. Pero ¿para qué sirve la sal si ha perdido su sabor? ¿Pueden lograr que vuelva a ser salada? La*

73

descartarán y la pisotearán como algo que no tiene ningún valor. (NLT)

La mayoría de los bebés en Cristo ni siquiera se dan cuenta de lo que sucedió cuando aceptaron a Jesús como Señor y Salvador, y entregaron la vida a Él. Es un paquete, todo incluido, un ADN nuevo; no son opciones que podamos elegir o no:

- Naces de nuevo como una criatura nueva; todas las cosas viejas han pasado.
- Eres perdonado del pecado.
- Eres miembro del cuerpo de Jesucristo, la iglesia universal.
- Dios te envía como embajador del Rey.
- Dios te adopta como su hijo.

Y aquí Jesús dice que *eres* la sal de la tierra (y, en el próximo versículo, la luz del mundo). No te ofrece esa opción: "¿Quieres ser sal?" No, tú *eres* la sal de la tierra. Tú y todos los creyentes del mundo.

El ADN de la sal

La sal es 40 % sodio y 60 % cloruro. Es uno de los minerales más abundantes en esta tierra y es esencial para la vida. La sal se extrae de depósitos de los antiguos mares secos, pero la mayor fuente son las aguas del mar. ¡Y la sal incluso ha llegado a esta Tierra en meteoritos! La sal se ha utilizado durante miles de años. Jesús no profundiza en lo que significa ser sal, pero sabemos que:

- La sal condimenta; sin sal, la comida es insípida. Un poco de sal transforma el sabor, acentuando el sabor que ya está en la comida. No se necesita mucha sal para condimentar una olla entera de carne. Pablo nos animó a tener ese impacto en cada interacción con otros: *Sea vuestra palabra siempre con gracia, sazonada con sal, para que sepáis cómo debéis responder a cada uno* (Colosenses 4:6, RVR).

- La sal preserva y purifica. Podría ser que Jesús estaba pensando en este milagro en 2 Reyes 2:21: *Eliseo fue al manantial y, arrojando allí la sal, exclamó: —Así dice el Señor: "¡Yo purifico esta agua para que nunca más cause muerte ni esterilidad!"*

- La sal limpia y desinfecta, ya sea una herida en el cuerpo o algo en la casa. En el pasado, frotaban a un recién nacido con sal para limpiarlo: *El día en que naciste no te cortaron el cordón umbilical; no te bañaron, no te frotaron con sal, ni te envolvieron en pañales* (Ezequiel 16:4).

- Solo el 6% de la sal que se fabrica hoy en día se usa en alimentos. El 68% se utiliza en productos químicos industriales. Existen alrededor de 14,000 aplicaciones comerciales de la sal. Hay páginas en Internet que dan cientos de usos a la sal en la vida diaria. Algunos de ellos son:

    o Mejorar el sabor del café, eliminando la acidez (un poquito en la cesta de café)

    o Eliminar el óxido (con un poco de jugo de limón)

    o Quitar manchas de tazas de café o té

    o Aliviar el dolor en la garganta (gárgaras)

- La sal reduce la temperatura a la que el agua se congela; en climas muy fríos, la sal hace que las carreteras y aceras sean más seguras, y el hielo se derrite.

- El consumo de sal tiene muchos beneficios para la salud.

Para ser útil, tenemos que sacar la sal del salero. Tú puedes tener mucha sal almacenada en la cocina, pero es inútil si no la sacas del gabinete, abres el salero y la agregas a la comida. Hay más que suficiente "sal" (cristianos) para sazonar al mundo entero. No necesitas mucha; hay suficientes creyentes ahora mismo para preservar y sazonar toda la tierra. Hay suficientes en tu ciudad también.

Pero si hay demasiada sal, puede ahogar la vida. Jesús estaba familiarizado con el Mar Muerto. No hay vida en sus aguas, porque son demasiado saladas. La sal debe ser dispersada para funcionar bien y dar vida. Si se consume demasiada sal, puede causar un ataque al corazón. El problema es que la mayoría de los cristianos no salen de los saleros (sus iglesias), y cuando entran en el mundo no traen el sabor de Jesucristo.

Tipos de sal

- Hay sal común, sal de mesa, que se extrae del mar seco.

- Hay sal marina, que proviene del mar y es de mejor calidad. Tiene más sabor y contiene nutrientes y minerales que se eliminan de la sal común cuando se refina.

- Recientemente hemos aprendido que hay otra sal, mucho mejor, que se llama sal del Himalaya. Viene solo de las montañas de Asia y es rosada. Supuestamente tiene su origen en la creación, posiblemente del mar que existía antes de la creación de la Tierra. Tiene muchos minerales y nutrientes; de hecho, contiene todos los ochenta y cuatro elementos del cuerpo humano.

Lo más probable es que Jesús, en su vida terrenal, no supiera nada de la sal del Himalaya. Él usaba una sal muy cruda, del mar. ¿Qué tipo de sal eres tú? ¿Aportas todo el sabor de Jesucristo? ¿O estás tan refinado por el mundo que has perdido muchas de las valiosas características de la sal? ¿Tienes raíces profundas en la roca de Jesucristo, como la sal del Himalaya?

La sal en el Antiguo Testamento

Hay tres referencias a la sal en el Antiguo Testamento que pueden iluminarnos sobre su significado para Jesús:

1. *Todas las ofrendas de cereal las sazonarán con sal, y no dejarán que les falte la sal del pacto de su Dios. A todas las ofrendas deberán ponerles sal* (Levítico 2:13).

- *Yo, el Señor, te entrego todas las contribuciones sagradas que los israelitas me presentan. Son tuyas, y de tus hijos y de tus hijas, como estatuto perpetuo. Este es un pacto perpetuo, sellado en mi presencia, con sal. Es un pacto que hago contigo y con tus descendientes»* (Números 18:19).

- *Cuando hayas terminado de purificarlo, ofrecerás un ternero y un carnero sin defecto en presencia del Señor, y los sacerdotes los rociarán con sal y los ofrecerán como holocausto al Señor* (Ezequiel 43:23-24).

Incluso los eruditos judíos no están seguros del propósito de la sal aquí y de lo que significa un "pacto de sal". Dios ordenó que se la añadiera a cada ofrenda; era una parte esencial de todo lo que se ofrecía ritualmente a Dios.

- A diferencia de la levadura (que se pudre), la sal se conserva y era representante de la incorrupción y la pureza.

- La sal era un símbolo del pacto, inmutable e inalterable; en especial, pactos de fidelidad y amistad.

- En Oriente Medio, la sal era un símbolo de amistad. Si un hombre compartía su sal contigo, decían que podías estar seguro de que él no te haría ningún daño, lo que lleva a una expresión común: "hay sal entre nosotros".

- En las iglesias ortodoxas orientales, la sal es un ingrediente obligatorio en el pan de comunión, que refleja este requisito de la sal en una ofrenda.

- En el tradicional rito católico del bautismo, se colocan unos granos de sal en la boca del niño como un signo de sabiduría. La sal también se agrega al agua bendita. Como sacrificios vivos, espiritualmente nos esparcimos con sal para purificarnos y ser aceptables para el Señor.

Jesús nos da un gran valor cuando Él dice que somos la sal de la tierra. Nosotros mismos nos convertimos en ese ingrediente esencial cuando nos ofrecemos como sacrificios vivos a Dios. Reflejamos el pacto inmutable e inalterable de perdón de Dios y la relación reconciliada en nuestras interacciones con el mundo. Ofrecemos "compartir esa sal" en relaciones fieles con quienes nos rodean. La sal (y la luz) se sacrifican por el bien de la comunidad; es imposible recuperar la sal una vez que ha sazonado la comida, así como la energía gastada para producir luz no se puede recuperar.

Dado el valor y la importancia de la sal, es entendible que Jesús tenga una opinión muy baja de la sal insípida, que se desvanece y pierde su sabor. ¡No sirve para nada! Jesús habló varias veces del peligro de ella.

Lucas 14:33-35

Así, pues, cualquiera de vosotros que no renuncia a todo lo que posee, no puede ser mi discípulo. Buena es la sal; mas si la sal se hiciere insípida, ¿con qué se sazonará? Ni para la tierra ni para el muladar es útil; la arrojan fuera. El que tiene oídos para oír, oiga. (RVR)

»De la misma manera, cualquiera de ustedes que no renuncie a todos sus bienes, no puede ser mi discípulo. La sal es buena, pero si se vuelve insípida, ¿cómo recuperará el sabor? No sirve ni para la tierra ni para el abono; hay que tirarla fuera. El que tenga oídos para oír, que oiga.» (NVI)

Cristo está hablando de nuestra influencia única en el mundo. Para ser útil como sal (y luego luz), tienes que mantener tu diferencia. Dado que es científicamente casi imposible que la sal pierda su sabor, ¿qué tenía Jesús en mente? La sal se vuelve insípida cuando se mezcla con otros minerales o es contaminada; ya no sirve para curar, preservar o sazonar. Nosotros somos la sal. El discípulo que quiere ser amigo del mundo y no renuncia a todo lo que posee, se vuelve insípido y pierde su capacidad de ser una influencia para Cristo. El cristiano que anda en el camino espacioso se contamina y pierde su sabor. La sal y la tierra son dos cosas diferentes. El cristiano y el mundo son diferentes. Si perdemos esa diferencia, perdemos la posibilidad de impactar al mundo. La sal se mezcla con la gente de la tierra para sazonarla y preservarla. La tierra necesita sal; sin sal, está corrompida, se deteriora y se pierde. Sin sal, no hay sabor. Así como un plato de comida puede exigir sal, la tierra la clama (cuando la sal está buena) para hacerla más agradable.

Seguir a Jesús y ser su representante en el mundo es costoso. En comparación con nuestra devoción a Él, debemos "odiar" a nuestras familias (Lucas 14:26-27). Tenemos que asegurarnos de entender completamente en qué nos estamos metiendo antes de comprometernos a ser sal en el mundo. Si no tomamos en cuenta el costo del discipulado, evidenciado por relaciones inapropiadas con la familia y las posesiones, resultará en que seamos ineficaces como la sal insípida e inútiles para Cristo.

La advertencia de Jesús es alarmante: no sirve ni para la tierra ni para el abono; hay que tirarla fuera. Una vez que el cristiano cae en esa situación, no es posible recuperar su sabor. No sirve para nada. Esta persona tomó la decisión de seguir a Cristo sin calcular el costo (y, por desgracia, pocas veces compartimos ese costo con alguien que quiere recibir a Cristo). Es como la persona en la parábola de la semilla que recibe la palabra con gozo y, al principio, todo parece bien (Lucas 8:1-15), pero los afanes de esta vida y el engaño de las riquezas le quitan su sal y se vuelve insípida. Me recuerdan estas palabras fuertes en Hebreos 6:4-6.

> *Es imposible que renueven su arrepentimiento aquellos que han sido una vez iluminados, que han saboreado el don celestial, que han tenido parte en el Espíritu Santo y que han experimentado la buena palabra de Dios y los poderes del mundo venidero, y después de todo esto se han apartado. Es imposible, porque así vuelven a crucificar, para su propio mal, al Hijo de Dios, y lo exponen a la vergüenza pública.*

Una referencia más a la posibilidad de dejar de ser salado

Esta referencia está en el contexto del pecado que hace que otros tropiecen:

> *»Pero, si alguien hace pecar a uno de estos pequeños que creen en mí, más le valdría que le ataran al cuello una piedra de molino*

y lo arrojaran al mar. Si tu mano te hace pecar, córtatela. Más te vale entrar en la vida manco que ir con las dos manos al infierno, donde el fuego nunca se apaga. Y, si tu pie te hace pecar, córtatelo. Más te vale entrar en la vida cojo que ser arrojado con los dos pies al infierno. Y, si tu ojo te hace pecar, sácatelo. Más te vale entrar tuerto en el reino de Dios que ser arrojado con los dos ojos al infierno, donde

»"su gusano no muere,
y el fuego no se apaga".

La sal con que todos serán sazonados es el fuego. La sal es buena, pero, si deja de ser salada, ¿cómo le pueden volver a dar sabor? Que no falte la sal entre ustedes, para que puedan vivir en paz unos con otros» (Marcos 9:42-50).

Buena es la sal; mas si la sal se hace insípida, ¿con qué la sazonaréis? Tened sal en vosotros mismos; y tened paz los unos con los otros (Marcos 9:50, RVR).

La primera parte del verso 50 es casi idéntica a Lucas 14, pero en Marcos la enseñanza anterior es sobre la importancia de evitar el pecado, incluso hasta el extremo de cortarse la mano o sacar el ojo que te hace pecar. Jesús dice que esa persona se ha vuelto insípida. Para evitar eso, Jesús nos manda hacer dos cosas:

- Tener sal en nosotros mismos. Aquí no somos la sal, pero somos mandados por Jesús a tener sal en nosotros mismos. Necesitamos sal para purificarnos y darnos el olor fragante de Cristo. Es la presencia del Espíritu y una vida santificada las que funcionan como esa sal. Si la sal no está presente en una iglesia (o en la sociedad), la gente puede caer en pecado grave.

- Tener paz unos con otros. La presencia de esa sal nos ayuda a vivir en paz. Necesitamos la sal purificadora para mantener nuestra comunión y paz con otros, lo que nos ayuda a evitar el pecado.

La "sal" que Dios usa en nosotros es el fuego, para purificarnos y asegurarnos de no terminar en los fuegos del infierno. Podría ser el bautismo de fuego, el bautismo del Espíritu Santo. Debemos tener sal entre nosotros, dando como resultado relaciones pacíficas y positivas. Este es el aspecto relacional de la sal que observamos en la sociedad del Oriente Medio. Debemos ser escrupulosos en evitar cualquier cosa que podría contaminar nuestra sal y volvernos inútiles, hasta el punto de cortar la extremidad que nos hace pecar. Si perdemos nuestra salinidad y hacemos tropezar a un "pequeño", seremos arrojados y pisoteados en el fuego del infierno. No hay manera de volver y ser salados de nuevo.

El cristiano que no logra lidiar con el pecado en su vida y carece de relaciones positivas con otros ha perdido su sal, su capacidad de tener un impacto parecido a Cristo en el mundo. Dios no nos salva para estar entretenidos en la iglesia, sino para salir e impactar al mundo que nos rodea. Tú eres la sal de la tierra. ¿Cuántos cristianos insípidos conoces? Pueden calentar una banca en la iglesia y pagar su diezmo, pero son inútiles en el reino de Dios. ¿Cómo está tu sal? Sabemos que Dios es paciente y misericordioso, pero no juegues con Dios. *El que tenga oídos para oír, que oiga.*

12

Tú eres la luz del mundo
Mateo 5:14-16

Otro propósito del discípulo de Jesús, paralelo al de la sal, es ser luz en el mundo.

Un tema importante en la Biblia

El evangelio de San Juan (1:5-9) empieza con la llegada de la luz a este mundo oscuro:

> *La luz en las tinieblas resplandece, y las tinieblas no prevalecieron contra ella. Hubo un hombre enviado de Dios, el cual se llamaba Juan. Este vino por testimonio, para que diese testimonio de la luz, a fin de que todos creyesen por él. No era él la luz, sino para que diese testimonio de la luz. Aquella luz verdadera, que alumbra a todo hombre, venía a este mundo.* (RVR)

Jesús trajo la luz a Judá por un breve tiempo.

> *Entre tanto que estoy en el mundo, luz soy del mundo* (Juan 9:5, RVR).

Jesús vino con esa luz y encendió la luz en sus discípulos. Cuando Él regresó a su Padre, nos dejó para ser esa luz del mundo. Ahora hay millones de luces brillando con la luz de Cristo en todo el mundo. Jesús nos dio su luz; *somos* luz, y las tinieblas no pueden prevalecer contra nosotros, pero para ser la luz del mundo, Él tiene que ser la luz de tu vida. El propósito de Dios, en el Sermón del Monte (Mateo 5) es que iluminemos a todos:

[14] *Ustedes son la luz del mundo. Una ciudad en lo alto de una colina no puede esconderse.*

Ya hemos visto que somos la sal que preserva y sazona la vida en este mundo. Poca sal sazona bastante comida; así también, una sola luz ilumina todo un lugar. El mundo es un lugar oscuro; a pesar de la abundancia de luz artificial, espiritualmente permanece muy oscuro. No se puede esperar que el gobierno o alguien en el mundo lo iluminen; es la responsabilidad de la iglesia. Nosotros ofrecemos la única luz verdadera. La iglesia debe ser esa ciudad asentada sobre un monte, conocida y visible para todos. Tenemos que hacer brillar la luz; no debemos andar escondidos.

No escondas tu luz

[15] *Ni se enciende una luz y se pone debajo de un almud, sino sobre el candelero, y alumbra a todos los que están en casa.*

Nadie enciende una lámpara y luego la pone debajo de una canasta. En cambio, la coloca en un lugar alto donde ilumina a todos los que están en la casa. (NLT)

No es lógico encender una lámpara y luego ponerla debajo de un cajón o una canasta. La lámpara está colocada para dar la máxima luz al lugar. Una pequeña lámpara o vela trae luz a toda una habitación. Debemos posicionarnos para dar la máxima luz; no debemos ser una comunidad cerrada.

La luz es buena. Es cruel dejar a la gente perdida en la oscuridad cuando tenemos la luz que necesitan. ¡Cristo nos manda a alumbrarlos!

> *Así nos lo ha mandado el Señor: »"Te he puesto*
> *por luz para las naciones,*
> *a fin de que lleves mi salvación hasta los*
> *confines de la tierra"»* (Hechos 13:47).

Cómo mostrar la luz

[16] *Hagan brillar su luz delante de todos, para que ellos puedan ver las buenas obras de ustedes y alaben al Padre que está en el cielo.*

Jesús nos manda a hacer brillar nuestra luz delante de todos. Es nuestra responsabilidad asegurarnos de que estamos brillando. Debes estar orgulloso de esa luz. El resultado debe ser alabanzas al Padre. Deben ver al Padre en nosotros; si nosotros recibimos la gloria, hay algo malo.

Una lámpara sin aceite es inútil. Tú puedes tener la lámpara más fina, más hermosa, pero sin aceite (o electricidad), no es útil. Cuando la bombilla se apaga, la luz se va. Hay cristianos que parecen muy espirituales, pero no tienen aceite en sus lámparas; andan en la oscuridad y no son diferentes del mundo oscuro que los rodea.

¿Cuál es la mejor manera de hacer brillar nuestra luz? ¡Con buenas obras! Más que programas y cultos en la iglesia, impactamos a nuestra comunidad con buenas obras. Queremos que el mundo las vea, pero no para llamar la atención sobre nosotros mismos. Deben mostrar el poder y el amor de Dios, y resultar en alabanza y gloria a su Nombre.

Por desgracia, tal vez la mayoría de la gente en las iglesias no brilla su luz y carece de buenas obras. ¡Están robando a su Padre de mucha gloria!

¿Cómo está tu luz?

- ¿Está brillando frente al mundo?

- ¿Cómo están tus obras? ¿Cómo están las obras de tu iglesia?

- ¿Cuándo fue la última vez que oíste a un inconverso alabar al Señor por las buenas obras de la iglesia?

- ¿Cómo puedes cambiar tu vida y tu iglesia para fomentar más buenas obras?

El ojo: la lámpara del cuerpo

Más adelante, en el mismo sermón, Jesús vuelve al tema de la luz. Es cierto que *somos* la luz, pero hay algunas cosas que debemos hacer para *mantener* esa luz encendida:

»*El ojo es la lámpara del cuerpo. Por tanto, si tu visión es clara, todo tu ser disfrutará de la luz. Pero, si tu visión está nublada, todo tu ser estará en oscuridad. Si la luz que hay en ti es oscuridad, ¡qué densa será esa oscuridad!* (Mateo 6:22-23)

Así como la luz que brillamos en el mundo debe echar fuera toda la oscuridad y traer luz a todos, así también la luz que entra en nosotros debe echar fuera todas las tinieblas y llenarnos de luz. ¿Cómo entra la luz en nosotros? A través del ojo: *Si tu visión es clara, todo tu ser disfrutará de la luz; pero si está nublada, todo tu ser estará en la oscuridad.* Esa luz (o esa oscuridad) es la fuente de tus palabras, pensamientos y acciones.

¿Cómo son tus ojos? ¿Qué estás mirando en Internet? ¿Inmundicia? ¿Mentiras y cosas sin valor? ¿Qué clase de televisión y películas ves? ¿Están tus ojos llenos de lujuria? ¿Ves solo lo feo y negativo en el mundo que te rodea? ¿O buscas la belleza en cada persona y en la creación de Dios? El Salmo 119 dice que la Palabra es lámpara para nuestros pies. ¿Estás leyendo y estudiando la Palabra?

Aquí, es en el contexto de atesorar cosas en el cielo y la imposibilidad de servir a dos amos (Dios y el dinero). Si estamos preocupados por riquezas y cosas materiales, tendremos ojos de codicia. Todo lo que vemos será influenciado por esa codicia, y la luz no puede entrar.

Para brillar en este mundo oscuro, tenemos que mantener una luz interior. Nosotros tenemos algún control de la luz que permitimos que entre en nuestras vidas; todo depende del ojo, de lo que vemos.

Si tu visión es clara, todo tu ser disfrutará de la luz; pero si está nublada, todo tu ser estará en la oscuridad.

No se trata solo de lo que vemos, sino también de una visión clara. Demasiadas personas tienen visión nublada; no tienen dirección en sus vidas y andan a medias ciegas. Alguien que usa anteojos sabe muy bien cómo es: la primera cosa que busca en la mañana cuando se levanta son los lentes; sin ellos, apenas puede hallar el baño y puede tropezar y caer. La Biblia es nuestro anteojo; aclara la visión y nos ayuda a ver las cosas como Dios las ve. He escuchado historias de alguien, tal vez en un lugar muy aislado, que no sabe nada de lentes. Ha andado por muchos años con su visión nublada, pero no sabe que hay otra opción. Un día, alguien viene con anteojos y, de repente, su visión se aclara. ¡Es como un mundo nuevo!

Durante muchos años yo usé lentes de contacto o anteojos. Aunque tenía unas inquietudes, decidí hacerme una cirugía láser. ¡Qué milagro! ¡Eran como ojos nuevos! La meta para el cristiano es tener una "cirugía láser" espiritual, donde la Palabra de Dios esté tan integrada en nuestras vidas y el Espíritu Santo esté tan presente, que siempre andemos con esa visión clara.

Lo triste es tener una visión nublada, pero negar que hay un problema y pensar que todo está bien. La Nueva Traducción Viviente nos ayuda a comprender lo que puede suceder: Y si la luz que crees tener en realidad es oscuridad, ¡qué densa es esa oscuridad! Parece que el cristiano engañado, el que permite la oscuridad en su vida, experimenta una oscuridad aún peor que el incrédulo. Pierde su eficacia en el mundo como luz y anda en las tinieblas.

¿Cómo es tu ojo? ¿Llenas todo tu cuerpo con la oscuridad de las pantallas de computadoras, teléfonos y televisores? Hoy, más que nunca, nos llenamos de muchas cosas feas que ofenden a Dios. La luz está apagada; no alumbramos al mundo y andamos en las tinieblas.

> —¿Acaso el día no tiene doce horas? —respondió Jesús—. El que anda de día no tropieza, porque tiene la luz de este mundo. Pero el que anda de noche sí tropieza, porque no tiene luz (Juan 11:9-10).

¿Has tropezado? Jesús tiene una promesa aquí para ti: si andas de día, en su luz, no tropezarás. Si has tropezado, puede ser un problema con tu ojo; no tienes esa luz interior para alumbrar tu camino. Aunque hay mucho sol, estás andando de noche.

¿Tinieblas o luz?

Este es el mensaje que hemos oído de él y que les anunciamos: Dios es luz y en él no hay ninguna oscuridad. Si afirmamos que tenemos comunión con él, pero vivimos en la oscuridad, mentimos y no ponemos en práctica la verdad. Pero, si vivimos en la luz, así como él está en la luz, tenemos comunión unos con otros, y la sangre de su Hijo Jesucristo nos limpia de todo pecado (1 Juan 1:5-7).

Por desgracia, muchos cristianos quieren las bendiciones de Dios, pero a la misma vez quieren llenar los ojos con la perversidad de las tinieblas. Juan sabía que el compromiso de muchas personas era meras palabras, incluso en ese día: se llaman a sí mismas cristianas, dicen que tienen comunión con Dios, pero andan en tinieblas. Esa persona es engañosa y mentirosa, como el padre de la mentira. Dios es pura luz; no hay sombra ni tinieblas en Dios.

Hay dos resultados muy importantes de andar en la luz, cosas que el hipócrita que anda en tinieblas no puede experimentar:

- Comunión con otros creyentes que también andan en la luz. Si te falta esa comunión, puede ser que tú estés andando en tinieblas; o puede ser que la otra persona sea un mentiroso y ande en las tinieblas.

- El perdón de los pecados. Sí, es por fe que recibimos la salvación y el perdón de los pecados, pero sabemos que el arrepentimiento es necesario. La persona que sigue practicando el pecado y anda en las tinieblas no recibe ese perdón. Hay libertad y pureza para la persona que anda en la luz de Jesús, perdonada.

Cómo permanecer en la luz

Por otra parte, lo que les escribo es un mandamiento nuevo, cuya verdad se manifiesta tanto en la vida de Cristo como en la de ustedes, porque la oscuridad se va desvaneciendo y ya brilla la luz verdadera.

El que afirma que está en la luz, pero odia a su hermano, todavía está en la oscuridad. El que ama a su hermano permanece en la luz, y no hay nada en su vida que lo haga tropezar. Pero el que odia a su hermano está en la oscuridad y en ella vive, y no sabe a dónde va porque la oscuridad no lo deja ver (1 Juan 2:8-11).

Aquí existe otro posible engaño: decir que estás en la luz, pero carecer de amor por tu hermano. Esa persona está en tinieblas.

- Las tinieblas están pasando; la luz brillante de la iglesia debe dar más y más luz a este mundo oscuro.

- La luz no permite el odio, sino que engendra el amor y buenas relaciones.

- Quien ama, permanece en la luz.

- No hay tropiezo en la persona que ama y anda en la luz.

- Hay un gran problema si alguien aborrece a su hermano:

  o Está en tinieblas.

  o Anda en tinieblas.

  o No sabe a dónde va.

    o   Las tinieblas han cegado los ojos. En lugar de ojos puros, abiertos a la luz, el que anda en las tinieblas se queda ciego.

El hombre pecador resiste la luz

Parece que la luz atrae a la gente del mundo, como una luz atrae a los insectos en la noche, pero no es así:

> *Esta es la causa de la condenación: que la luz vino al mundo, pero la humanidad prefirió las tinieblas a la luz, porque sus hechos eran perversos. Pues todo el que hace lo malo aborrece la luz, y no se acerca a ella por temor a que sus obras queden al descubierto. En cambio, el que practica la verdad se acerca a la luz, para que se vea claramente que ha hecho sus obras en obediencia a Dios»* (Juan 3:19-21).

El mundo necesita la luz. A la mayoría de la gente le gusta la luz. Quieren la luz; solo cuando están dormidos desean la oscuridad. Los malvados permanecen en la oscuridad para ocultar su pecado.

La respuesta de alguien a la luz revela si anda en obras malas o en la verdad. Jesús también dijo que el mundo nos aborrecerá (Juan 17:14). No te sorprendas si hay gente que te evita cuando tu luz brilla intensamente; no quiere que sus obras sean reveladas o reprendidas. Pero es mejor que la luz revele sus obras ahora, porque algún día la luz lo revelará todo:

> *No hay nada escondido que no esté destinado a descubrirse; tampoco hay nada oculto que no esté destinado a ser revelado* (Marcos 4:22).

Pero todo lo que la luz pone al descubierto se
hace visible, porque la luz es lo que hace que todo
sea visible (Efesios 5:13).

Si nosotros no brillamos la luz que hay en nosotros, el mundo
permanecerá en oscuridad. Nuestras vidas y buenas obras deben
revelar la corrupción y la hipocresía que hay en el gobierno, en el
mundo de negocios y en la iglesia.

¿Hay cosas escondidas en tu vida? ¿En tu familia? ¿En tu iglesia?
Ya sea en tu matrimonio o en tu trabajo, siempre es mejor
confesar el pecado que pueda haber y arreglar la situación.
Cuando intentamos ocultarlo, casi siempre sale peor. Es un
principio para toda la vida: *todo secreto saldrá a la luz* (NTV).
Nuestras vidas deben ser transparentes, sin nada que ocultar.
¿Tienes secretos que no quieres que se revelen? ¿Cuáles serán
las consecuencias cuando salgan a la luz?

¡Qué bueno saber que los secretos ocultos del reino de Dios
también serán revelados!

Andar en la luz

—*Ustedes van a tener la luz solo un poco más de*
tiempo —les   dijo   Jesús—. Caminen   mientras
tengan   la   luz,   antes   de   que   los   envuelvan   las
tinieblas. El que camina en las tinieblas no sabe
a dónde va. Mientras tengan la luz, crean en ella,
para que sean hijos de la luz.

Yo soy la luz que ha venido al mundo, para que
todo el que crea en mí no viva en tinieblas (Juan
12:35-36; 46).

Si tienes la luz de Jesús y estás caminando con Él, debes tener
dirección y saber a dónde vas. Si te sientes perdido, puedes estar

caminando en tinieblas y no tienes comunión con la luz. Si no andas diariamente en la luz, las tinieblas pueden sorprenderte.

Jesús ha dicho que *nosotros* somos la luz del mundo, pero tú y yo podemos ser esa luz solo porque *Jesús* es la luz. ¿Eres un hijo o una hija de la luz? Jesús quiere liberarte de las tinieblas; si crees en Él, su promesa es que no permanecerás en la oscuridad.

> *Una vez más Jesús se dirigió a la gente, y les dijo: —Yo soy la luz del mundo. El que me sigue no andará en tinieblas, sino que tendrá la luz de la vida* (Juan 8:12).

Ya hemos hablado del ojo como la lámpara del cuerpo. Fija tus ojos en Cristo y síguele. Tenemos que *andar* para ser sal y luz. Aquí tienes otra promesa: si sigues a Jesús, tú tendrás la luz de la vida (el mismo Jesús), y no andarás en tinieblas. Puede llegar a ser muy complicado, analizando todo para ver si agrada a Dios o no, o simplemente puedes seguir a Jesús. Su luz expulsará toda la oscuridad de tu vida. Si andas apegado a Jesús, compartirás en su luz e iluminarás tu mundo.

¡Jesús te ha confiado una tarea muy importante! Dios es luz, y tú eres la luz del mundo. ¿Estás andando en tinieblas? ¿Estás siguiendo a Jesús? ¿Cómo es tu luz? ¿Está brillando la luz de Jesús en tu vida? ¿Qué puedes hacer para que brille más?

13

Cristo nos enseña cómo relacionarse con otros

Mateo 5:21-26, 38-42; 7:1-6, 12

¿Eres un asesino?

²¹ *»Ustedes han oído que se dijo a sus antepasados: "No mates, y todo el que mate quedará sujeto al juicio del tribunal".*

Todos saben que los Diez Mandamientos prohíben el homicidio. "¡Pero yo nunca he matado a nadie! ¡Entonces estoy bien!" Bueno, no necesariamente, porque Jesús tiene un estándar mucho más alto para su discípulo:

²² *Pero yo les digo que todo el que se enoje con su hermano quedará sujeto al juicio del tribunal. Es más, cualquiera que insulte a su hermano quedará sujeto al juicio del Consejo. Y cualquiera que lo maldiga quedará sujeto al fuego del infierno.*

Aquí hay tres cosas que no parecen ser tan serias; de hecho, son cosas que muchos cristianos hacen todos los días:

2. Enojarte con tu hermano.
3. Insultar a tu hermano (le llamas necio o idiota).
4. Maldecir a tu hermano (le llamas fatuo).

La persona culpable de esto comunica: "Ojalá estuvieras muerto", y por lo tanto es sujeto a tres formas de castigo:

1. Un juicio del tribunal.
2. Un juicio del Consejo.
3. El fuego del infierno.

Sí, esta es una cuestión de tu salvación. Jesús toma en serio los pensamientos del corazón y nuestra manera de hablar con otros. Años después, Juan afirmó esta enseñanza: *Todo aquel que aborrece a su hermano es homicida; y sabéis que ningún homicida tiene vida eterna permanente en él* (1 Juan 3:15).

Mantener una relación sana con los demás es tan importante que Jesús nos manda ajustar cuentas con ellos antes de participar en ofrendas o servicios en la iglesia:

23 »Por lo tanto, si estás presentando tu ofrenda en el altar y allí recuerdas que tu hermano tiene algo contra ti, 24 deja tu ofrenda allí delante del altar. Ve primero y reconcíliate con tu hermano; luego vuelve y presenta tu ofrenda.

Reconcíliate antes de ofrendar

Puedes ser un fiel discípulo de Jesús; tú no eres culpable, pero hay un hermano que tiene algo contra ti. Es *tu* responsabilidad buscarlo, hablarle y reconciliarte. Esa reconciliación es mucho más importante para Cristo que tu ofrenda. ¡Imagina cuántas ofrendas se perderían si todos pusieran en práctica este mandato de Jesús! ¿Por qué lo tomamos a la ligera?

²⁵ »Si tu adversario te va a denunciar, llega a un acuerdo con él lo más pronto posible. Hazlo mientras vayan de camino al juzgado, no sea que te entregue al juez, y el juez al guardia, y te echen en la cárcel. ²⁶ Te aseguro que no saldrás de allí hasta que pagues el último centavo.

¡No vayas delante del juez!

Aquí él no es un hermano, sino un adversario, probablemente alguien fuera de la iglesia. Jesús no condena al creyente por los problemas con este hombre; Él sabe que en el mundo estas cosas van a suceder. No tienes que intentar demostrar tu inocencia o buscar una decisión justa. El consejo de Jesús es:

- Resolver el problema lo antes posible, incluso si tú crees que no es una decisión justa.

- Evitar los tribunales. Jesús no confía en el sistema de justicia (un buen consejo para el cristiano que quiere demandar a otros y acudir a los tribunales).

Jesús tampoco confía en las cárceles. Parece creer que es común recibir sentencias muy largas e injustas.

Ojo por ojo

Un poco más adelante en el Sermón, Jesús vuelve a este tema de justicia y retribución:

³⁸ »Ustedes han oído que se dijo: "Ojo por ojo y diente por diente".

En este caso, Cristo cita directamente la ley. No había mucha compasión ni misericordia en ella:

»Si se pone en peligro la vida de la mujer, esta será la indemnización: vida por vida, ojo por ojo, diente por diente, mano por mano, pie por pie, quemadura por quemadura, golpe por golpe, herida por herida (Éxodo 21:23-25).

»Al que lesione a su prójimo se le infligirá el mismo daño que haya causado: fractura por fractura, ojo por ojo, diente por diente. Sufrirá en carne propia el mismo daño que haya causado (Levítico 24:19-20).

Y no le compadecerás; vida por vida, ojo por ojo, diente por diente, mano por mano, pie por pie (Deuteronomio 19:21).

Era una retribución exacta. Pero Jesús introduce una ética radical para ese día (¡y aún para hoy!):

39 Pero yo les digo: No resistan al que les haga mal. Si alguien te da una bofetada en la mejilla derecha, vuélvele también la otra. 40 Si alguien te pone pleito para quitarte la camisa, déjale también la capa. 41 Si alguien te obliga a llevarle la carga un kilómetro, llévasela dos. 42 Al que te pida, dale; y al que quiera tomar de ti prestado, no le vuelvas la espalda.

Vuelve la otra mejilla
¡La persona que obedece a Jesús puede parecer muy débil! ¡Sería demasiado fácil para otros aprovecharse de él!

- No te resistas al que te haga mal.
- Sométete al abuso de alguien que te abofetea, ofreciéndole la otra mejilla.
- No solo dejes que la persona tome tu posesión, ¡dale algo más!
- Si alguien te obliga a hacer algo difícil, ¡duplica lo que te pide que hagas!

- Siempre dar y prestar a los que te lo pidan.

Ya no buscamos la justicia; tampoco buscamos retribución por lo que hemos sufrido. Para andar así, necesitas una fe radical de que Dios cuidará de ti y te proveerá.

La regla de oro

Así que en todo traten ustedes a los demás tal y como quieren que ellos los traten a ustedes. De hecho, esto es la ley y los profetas (Mateo 7:12).

Jesús dijo en Mateo 22:37-40 que amar a Dios y amar a tu prójimo como a ti mismo es un resumen de la ley y los profetas (la enseñanza del Antiguo Testamento). Tratar a los demás como quieres que ellos te traten a ti te ayudará a ser "perfecto", como tu Padre Celestial. Ponla a prueba, ponla en práctica, a ver cómo puede transformar tus relaciones con otras personas.

¡Amor radical!

La enseñanza de Jesús es muy sencilla, pero muy difícil. Tenemos que negarnos a nosotros mismos, crucificar nuestro egoísmo y aprender a amar con el amor ágape que Dios tiene para nosotros. Es casi imposible sin el Espíritu Santo y su fruto de amor y paciencia, pero es una parte esencial del ADN de un discípulo de Jesús que anda como Él anduvo.

14

¡Quita la viga!

Mateo 7:1-5

¹*»No juzguen a nadie, para que nadie los juzgue a ustedes. ² Porque tal como juzguen se les juzgará, y con la medida que midan a otros, se les medirá a ustedes.*

¡No juzgues a nadie!

Es muy común reclamar estos versículos para condenar cualquier tipo de evaluación o corrección. Jesús no descarta esa posibilidad; solo tienes que lidiar con tu propio pecado antes de entrar en la vida de otra persona. ¿Cuál es la medida que utilizas para juzgar a otros? Jesús nos ha llamado a la perfección. Es fácil medir a otros por ese estándar; más difícil es usar ese estándar para nosotros mismos. Y si alcanzamos esa perfección, sería muy fácil presumir, pero una parte importante de la perfección es la humildad.

- ¿Juzgas más severamente a tus hijos y cónyuge (o a tu pastor, iglesia o empleados) que a ti mismo?

- ¿Eres rápido para juzgar a otros? ¿O demuestras el amor, la paciencia y la tolerancia de Jesús por sus fracasos?

- ¿Sabes lo que es ser juzgado con dureza (e injustamente) por otra persona?

¿Hay vigas en tus ojos?

Me encanta cómo enseñó Jesús. A veces, a propósito dijo algo exagerado o imposible para llamar nuestra atención y comunicar vívidamente su punto:

3 »¿Por qué te fijas en la astilla que tiene tu hermano en el ojo, y no le das importancia a la viga que está en el tuyo?

Puede ser un amigo o tu cónyuge, pero alguien tiene un problema en su vida. Nada importante, una astilla. Nadie lo ve y no molesta a la persona, pero te molesta a ti.

Al mismo tiempo, tienes una viga en el ojo. Algo grande que todos pueden ver.

Jesús no quiere dar a entender que sea malo preocuparte por el problema de tu amigo. No estás actuando con amor si ves una astilla en el ojo de tu esposa y no se la quitas, pero primero hay algo que debes hacer:

4 ¿Cómo puedes decirle a tu hermano: "Déjame sacarte la astilla del ojo", cuando ahí tienes una viga en el tuyo? (NTV: *¿cuando tú no puedes ver más allá del tronco que está en tu propio ojo?*) *5¡Hipócrita! Saca primero la viga de tu propio ojo, y entonces verás con claridad para sacar la astilla del ojo de tu hermano.*

Está bien ayudar a alguien con un problema, como una astilla en su vida. El problema es que tendemos a ver las faltas de otros e ignorar las nuestras, que a menudo son peores. Primero, examínate para ver si hay troncos (o astillas) y arregla tu propia vida, porque no puedes ayudar a otra persona si no puedes ver claramente. Puedes lastimar gravemente a alguien si lo intentas con una viga en tu ojo, y nadie va a aceptar tu corrección cuando sea muy obvio que hay un pecado grave en tu vida. Cuando tú la tengas más o menos en orden, podrás ver claramente y saber cómo ayudar a la otra persona. Eso no significa que tengas que ser perfecto, pero no hay nada que puedas hacer por el otro con troncos en el ojo. Todos los demás pueden verlos, y Jesús dice que eres un hipócrita, como los fariseos y otros muy seguros de su propia justicia, que carecen de humildad y amor.

Unas preguntas para reflexión

- ¿Estás demasiado involucrado en los problemas de otros?
  - ¿Realmente les estás ayudando? ¿O estás lastimándolos?
  - ¿Los estás alienando?
- ¿Hay troncos en tus ojos? ¿Qué son?
  - ¿Crees que no hay ninguno? Pregúntale a tu cónyuge o a un buen amigo si hay troncos que ven. Asegúrales que pueden compartir con confianza, sin temor a represalias.
  - Entonces habla con el Señor acerca de lo que dicen; pide su ayuda para quitarlos.
  - Humíllate y pide ayuda a tu familia o a tu iglesia. Pueden tener prejuicios, pero tómalo en serio lo que dicen.
- Puede ser delicado mantener un diario, pero si estás confiado en que puedes guardar su privacidad, puedes registrar los troncos en tu vida, y cómo y cuándo se eliminan.
  - Puede ser útil también reflexionar en cómo y cuándo fueron eliminados en el pasado.

- o ¿Qué aprendes acerca de la naturaleza de los troncos, y cómo el Señor tiende a eliminarlos?

- Con el tronco retirado, ahora puedes ver con más claro para ayudar a otros.
  - o En el amor y la humildad, usa lo que aprendiste, quitando tu tronco.
  - o En la presencia de Dios, reflexiona en tus familiares y amigos, y sus heridas. Entrega esas heridas al Señor y pide discernimiento si hay algo que Él quiere que tú hagas para ayudarlo a sanar esas heridas.

Este proceso puede ser humillante y doloroso. ¡No dejes que el diablo te condene! ¡Es posible que hayas estado caminando con troncos en los ojos durante años! ¡Dale gracias a Dios porque ahora eres consciente de ellos! ¡Dale gracias que Él quiere llevárselos! Y dale gracias porque ahora serás más útil, con una visión clara.

Usa discernimiento

[6] »No den lo sagrado a los perros, no sea que se vuelvan contra ustedes y los despedacen; ni echen sus perlas a los cerdos, no sea que las pisoteen.

Hay una diferencia entre juzgar y discernir. Para obedecer el mandato de Jesús aquí, tenemos que evaluar a la gente para ver cuáles son los perros y los cerdos (¡sin ofender a los amantes de perros!). No somos estúpidos. Amar y no juzgar no significa que debamos entregar lo sagrado a alguien que no lo merece. Esa persona puede volverse contra ti y atacarte. Alguien ignorante (un cerdo), que no aprecia el valor de algo precioso, puede pisotearlo.

¡El Señor es tan bueno! No quiere que camines con astillas (o vigas) en tus ojos. Él te ayudará a sacarlas, y luego tendremos el gran privilegio de trabajar con Él para ayudar a otros a ser libres de las suyas. Así todos podemos caminar con una visión clara y no tropezar.

15

¿Quién va a tirar la primera piedra?
Juan 8:2-12

Los Proverbios hablan mucho sobre el peligro del adulterio, por ejemplo en 6:32:

Pero al que comete adulterio le faltan sesos;
  el que así actúa se destruye a sí mismo.

El adulterio es uno de los varios pecados que merecen la pena de muerte según la ley del Antiguo Testamento:

Si un hombre es sorprendido durmiendo con la esposa de otro, los dos morirán, tanto el hombre que se acostó con ella como la mujer. Así extirparás el mal que haya en medio de Israel (Deuteronomio 22:22).

Levítico 20 incluye una lista de relaciones sexuales perversas (fuera del matrimonio), las cuales también merecen la muerte. Jesús obedecía la ley, y sabemos que todavía se practicaba apedrear en el primer siglo (por ejemplo, Esteban en Hechos 7), pero nunca vemos a Jesús apedrear a nadie. Ejecutar a alguien tampoco era tan simple; Deuteronomio 17:1-7 describe un procedimiento bastante complicado.

A nosotros nos puede parecer radical matar a alguien que comete adulterio, pero Dios toma en serio la necesidad de mantener a su pueblo puro. Juan 8 nos presenta una respuesta alternativa al pecado obvio. Andar como Jesús exige mucho amor y misericordia, incluso para alguien que viola uno de los Diez Mandamientos, como un adúltero.

El ministerio empieza al amanecer

² Al amanecer se presentó de nuevo en el templo. Toda la gente se le acercó, y él se sentó a enseñarles.

Varias veces vemos a Jesús levantarse temprano en la mañana: para orar, para reunirse con los discípulos en la playa (Juan 21) y, aquí, para enseñar a la gente. En esa hora aparentemente ya había mucha gente en el templo, y Jesús es la atracción principal. Nosotros estamos acostumbrados a pararnos a predicar o enseñar, pero, como todos los rabinos de esa época, Jesús se sentó. Y casi siempre parece muy tranquilo en su estilo de enseñar; no lo vemos como muy animado o gritando (a diferencia de muchos predicadores actuales).

¿Dónde está el hombre adúltero?

³ Los maestros de la ley y los fariseos llevaron entonces a una mujer sorprendida en adulterio, y poniéndola en medio del grupo ⁴ le dijeron a Jesús:

—Maestro, a esta mujer se le ha sorprendido en el acto mismo de adulterio. ⁵ En la ley Moisés nos ordenó apedrear a tales mujeres. ¿Tú qué dices?

Lo que sucedió aquí nos presenta varias preguntas:

1. ¿Por qué estaban viendo lo que pasa en la vida privada de la gente? ¿O era posible que la esposa del hombre, o el marido de la mujer, los encontrara y hablara con los fariseos?

2. Parece una falta de respeto interrumpir la enseñanza de Jesús con esta distracción.

3. Es muy humillante para la mujer ser presentada delante de todos; carecen totalmente de amor o de misericordia.

4. Convenientemente ignoran la parte de la ley que dice que *los dos* tienen que morir. Refleja el estatus inferior de las mujeres en esa era, algo que Dios nunca pretendió. Jesús fue notable en dar honor a la mujer.

A veces es mejor no decir nada

⁶ Con esta pregunta le estaban tendiendo una trampa, para tener de qué acusarlo. Pero Jesús se inclinó y con el dedo comenzó a escribir en el suelo.

No sabemos lo que Jesús escribió, pero hay muchas conjeturas, entre ellas "hipócrita", o, posiblemente, algunos de los pecados de esos maestros y fariseos.

Varias veces, Jesús demuestra que a menudo es mejor no decir nada. Él sabía que era una trampa; si Jesús la deja salir libre, pueden acusarlo de no obedecer la ley. Pero sería horrible apedrearla allí, y podrían acusar a Jesús frente a los romanos, quienes no permitieron que los judíos llevaran a cabo sus propias ejecuciones (Juan 18:31).

¿Quién va a tirar la primera piedra?

⁷ Y, como ellos lo acosaban a preguntas, Jesús se incorporó y les dijo:

—Aquel de ustedes que esté libre de pecado, que tire la primera piedra.

Jesús ratificó la ley; no pueden acusarle de estar en contra de la ley, y también les ofreció la oportunidad de irse con dignidad. Pero dado que ellos lo acosaban con preguntas, Jesús se ve obligado a señalarles a ellos.

Algunos están muy listos para tirar piedras. Ellos observan cada falla para condenar y juzgar a la persona. Jesús nos ofrece una alternativa radical: solo el que esté libre de pecado tiene el derecho de hablar sobre el pecado de otros. Tú, ¿eres más apto para condenar y juzgar o para mostrar compasión y perdonar?

[8] E inclinándose de nuevo, siguió escribiendo en el suelo.

Otra vez vemos que no hay que decir mucho. Jesús no los condenó ni tenía que regañarlos por todos sus pecados. Él dejó que el Espíritu Santo hiciera su obra en ellos. Jesús era el único libre de pecado, pero en lugar de tirar piedras, volvió a escribir en el suelo.

[9] Al oír esto, se fueron retirando uno tras otro, comenzando por los más viejos, hasta dejar a Jesús solo con la mujer, que aún seguía allí.

Los mayores eran más conscientes de su pecado y lo suficientemente humildes para retirarse y no pelear con Jesús. ¿Estarías tú entre los primeros? ¿O te resulta difícil para ti humillarte y confesar que no eres perfecto?

Jesús no vino a condenar

[10] Entonces él se incorporó y le preguntó: —Mujer, ¿dónde están? ¿Ya nadie te condena?

[11] —Nadie, Señor.

—Tampoco yo te condeno. Ahora vete, y no vuelvas a pecar.

No hay excusas para el pecado, pero tampoco hay excusas para un espíritu crítico que condena y humilla a otros. El amor y la misericordia son tan importantes como la santidad.

Jesús salvó su vida; ahora ella tiene que arrepentirse y no pecar más. Jesús ofrece el perdón y la oportunidad de comenzar de nuevo, pero, por desgracia, muchos regresan a su pecado o condenan a otros por pecados quizás menos graves. Juan 3:17-21 dice:

Dios no envió a su Hijo al mundo para condenar al mundo, sino para salvarlo por medio de él. El que cree en él no es condenado, pero el que no cree ya está condenado por no haber creído en el nombre del Hijo unigénito de Dios. Esta es la causa de la condenación: que la luz vino al mundo, pero la humanidad prefirió las tinieblas a la luz, porque sus hechos eran perversos. Pues todo el que hace lo malo aborrece la luz, y no se acerca a ella por temor a que sus obras queden al descubierto. En cambio, el que practica la verdad se acerca a la luz, para que se vea claramente que ha hecho sus obras en obediencia a Dios.

¿Hay algún pecado que tú debas abandonar? Jesús te ayudará a caminar libre del pecado.

El que sigue a Jesús no anda en tinieblas

[12] Una vez más Jesús se dirigió a la gente, y les dijo: —Yo soy la luz del mundo. El que me sigue no andará en tinieblas, sino que tendrá la luz de la vida.

Parece que la multitud estaba observando todo el tiempo, y Jesús les ofrece consejos muy simples para evitar el pecado: seguirle. Jesús es la luz del mundo. Si andamos con Él, será imposible andar en tinieblas; su luz iluminará nuestro camino.

En él estaba la vida,
y la vida era la luz de la humanidad.
Esta luz resplandece en las tinieblas,
y las tinieblas no han podido extinguirla.

(Juan 1:4-5)

¿Andas en las tinieblas? ¿Dirías que tienes la luz de la vida? ¿Está brillando tu luz? Si no, ¿estás realmente siguiendo a Jesús? Si no, probablemente estás tirando piedras, o sientes que están tirando piedras a ti. Cristo te ama. Él no tira piedras. Te recibe y te acepta tal como eres. Si te sientes humillado y condenado por fariseos, Cristo te dice: "Vete, y no vuelvas a pecar". No tires piedras. Cristo te salvó de ellas, ahora ten la misma compasión y misericordia de otros pecadores.

16

Piensa como Jesús pensó en las riquezas
Mateo 6:1-4; 19-34

Da generosamente, pero en secreto

¹»Cuídense de no hacer sus obras de justicia delante de la gente para llamar la atención. Si actúan así, su Padre que está en el cielo no les dará ninguna recompensa.

Hacer obras de justicia no es opcional para el discípulo de Jesucristo. El siguiente versículo dice "cuando," no "si." La cuestión es cómo lo hacemos, lo que revela nuestro corazón e impacta la recompensa que recibimos. Lo que ofrendamos a la obra del Señor y lo que compartimos con los necesitados (ya sean bienes o dinero) revela nuestra actitud hacia las cosas materiales. Si lo reconocemos como un regalo de Dios para administrar como mayordomos, ser generoso es natural. Dios es un dador, y Él está complacido con un corazón generoso. Pero si hacemos la obra con la expectativa de recuperar más o para impresionar a otros con nuestra espiritualidad, Dios no se complace. Aunque no la hagamos para recibir una recompensa, perdemos la recompensa que nos corresponde. Gracias a Dios, los otros siempre se beneficiarán, a pesar de nuestros motivos equivocados.

² *»Por eso, cuando des a los necesitados, no lo anuncies al son de trompeta, como lo hacen los hipócritas en las sinagogas y en las calles para que la gente les rinda homenaje. Les aseguro que ellos ya han recibido toda su recompensa.* ³ *Más bien, cuando des a los necesitados, que no se entere tu mano izquierda de lo que hace la derecha,* ⁴ *para que tu limosna sea en secreto. Así tu Padre, que ve lo que se hace en secreto, te recompensará.*

La imagen de anunciar nuestra limosna al son de una trompeta es ridícula, pero en la actualidad algunos dan por:

- Pagar menos impuestos (bajo las leyes de los Estados Unidos, puedes deducir cualquier donación de tus ingresos).
- Ganar el favor de Dios.
- Recibir elogios de los hombres.
- ¡Hasta el extremo de insistir en un monumento, placa o noticia en un boletín para reconocer su generosidad!

No conocen el corazón de Dios, y Jesús los llama hipócritas.

1. ¿Qué te ha dado Dios para manejar como mayordomo? ¿Eres fiel con esas bendiciones?
2. ¿Dirías que tienes un corazón generoso?
3. ¿Ayudas a otros para que puedas ser reconocido por los hombres? ¿O lo haces en secreto?
4. ¿Has ayudado a otros y te molesta porque parece que nadie lo reconoce?

Dios ve todo lo que haces en secreto (lo bueno y lo malo), y seguramente te recompensará.

¿Dónde está tu tesoro?

[19] »No acumulen para sí tesoros en la tierra, donde la polilla y el óxido destruyen, y donde los ladrones se meten a robar. [20] Más bien, acumulen para sí tesoros en el cielo, donde ni la polilla ni el óxido carcomen, ni los ladrones se meten a robar. [21] Porque donde esté tu tesoro, allí estará también tu corazón.

Jesús no dice aquí que sea pecado ser rico o tener posesiones. Es una cuestión de prioridades y de la acumulación de tesoros. Otras traducciones dicen "almacenar", "amontonar" o "hacer" tesoros para sí. Creo que todos nosotros conocemos la tendencia a acumular mucho más de lo que necesitamos. Se muestra cuando te trasladas de una casa a otra. ¡Y muchas de esas cosas que nunca usamos! Muchos afirman con vehemencia que el versículo 21 no se aplica a ellos: tienen muchos tesoros acumulados aquí en la tierra, pero creen que son buenos cristianos. Jesús diría que están engañados.

Hay mucha lógica en lo que Jesús dice. La persona con la casa grande o el carro lujoso necesita seguro, alarmas y candados para protegerlos. Siempre está pensando en la posibilidad de un ladrón o algún daño en el auto.

Hay gran libertad en pocas posesiones. Nuestra prioridad debe ser acumular tesoros en el cielo. ¿Cómo?

1. Hacer buenas obras.
2. Dar (en vez de acumular) nuestros bienes y dinero.
3. Invertir en otras personas (en la evangelización, el discipulado y el uso de nuestros dones espirituales).

Es decir, todo lo que hacemos que tenga valor eterno.

Pablo refleja el corazón de Jesús en su consejo a los ricos:

A los ricos de este mundo, mándales que no sean arrogantes ni pongan su esperanza en las riquezas, que son tan inseguras, sino en Dios, que nos provee de todo en abundancia para que lo disfrutemos. Mándales que hagan el bien, que sean ricos en buenas obras, y generosos, dispuestos a compartir lo que tienen. De este modo atesorarán para sí un seguro caudal para el futuro y obtendrán la vida verdadera (1 Timoteo 6:17-19).

¡No es pecado tener una abundancia! ¡Dios nos da todas las cosas para disfrutarlas! Pero hay mucha tentación para que el rico ponga su esperanza en sus riquezas y confíe en ellas, y sea arrogante y orgulloso. Ya tienen su seguridad en este mundo, pero necesitan seguridad para el futuro, después de la muerte. Esa es la vida verdadera; no es la vida buena aquí en la tierra. ¿Cómo puedes atesorar para el cielo?

- Haciendo el bien.
- Siendo rico en buenas obras.
- Siendo generoso.
- Estando dispuesto a compartir lo que tienes.

Pablo no dice que deben vender todo y dárselo a los pobres, pero tienen que entregar sus riquezas a Jesús para que las use de acuerdo con su voluntad.

¿Dónde está tu tesoro?

- ¿Siempre estás pensando en algo más que quieres comprar?
- ¿Tienes muchas cosas almacenadas que nunca usas?

- ¿Has sufrido pérdidas por robo, incendio o tormenta? ¿Cómo respondiste?
- ¿Puedes decir que eres obediente a este mandato de Jesús de no acumular tesoros en la tierra?
- Ya sea que tu tesoro terrenal sea grande o pequeño, ¿eres generoso y estás dispuesto a compartirlo?

El problema del ojo

[22] »*El ojo es la lámpara del cuerpo. Por tanto, si tu visión es clara, todo tu ser disfrutará de la luz.* [23] *Pero, si tu visión está nublada, todo tu ser estará en oscuridad. Si la luz que hay en ti es oscuridad, ¡qué densa será esa oscuridad!*

Estos versos parecen estar fuera de contexto en esta enseñanza acerca de las posesiones. Claro que hay una aplicación amplia para todo lo que vemos con los ojos, pero yo creo que Jesús está hablando de la tendencia a ver y codiciar las cosas. Él dice que el ojo afecta toda la vida; al igual que la ambición (donde pones tu tiempo, energía y corazón). Como un ojo te da luz, una ambición piadosa de servir al Señor y a otros ilumina toda la vida. El hombre con visión nublada anda en la oscuridad; el egoísmo y la ambición innoble nos roban el amor y la generosidad.

Juan habló de la codicia del ojo:

> *No amen al mundo ni nada de lo que hay en él. Si alguien ama al mundo, no tiene el amor del Padre. Porque nada de lo que hay en el mundo —los malos deseos del cuerpo, la codicia de los ojos y la arrogancia de la vida— proviene del Padre, sino del mundo. El mundo se acaba con sus malos deseos, pero el que hace la voluntad de Dios permanece para siempre* (1 Juan 2:15-17).

Muchos cristianos afirman que aman a Dios, pero sus acciones los traicionan. Aman las cosas del mundo, y Juan dice que esa persona no tiene el amor del Padre; acaban adorando al dios del materialismo.

Tenemos que vigilar lo que vemos con nuestros ojos. Los anuncios y lo que vemos en Internet o en la televisión pueden hacernos tropezar o capturar nuestros corazones. Muchas veces, las cosas del mundo parecen mucho más reales que los tesoros celestiales.

¿Cómo está tu visión? ¿Está nublada por la atracción de todas las cosas materiales que te rodean? ¿Tienes tus ojos fijos en Cristo?

No es posible servir a dos amos

[24] *»Nadie puede servir a dos señores, pues menospreciará a uno y amará al otro, o querrá mucho a uno y despreciará al otro. No se puede servir a la vez a Dios y a las riquezas.*

Hay muchos que creen que pueden ser buenos cristianos y aun así servir a las riquezas, pero Jesús dice que es imposible; esa persona está engañada y efectivamente afirma que la Palabra de Dios no es verdadera. Por supuesto, nadie diría que sirve a las riquezas, y pueden racionalizar y dar buenas excusas ("cuando era niño siempre había escasez", "soy muy generoso con el dinero"). Pero Dios siempre es relegado cuando tratamos de servir a ambos.

Otras traducciones presentan la alternativa como "amar y odiar," "ser fiel y despreciar", "ser leal y despreciar" o "estimar y despreciar". Aparentemente, si eres fiel y leal a Dios, si lo estimas y lo amas, vas a odiar o despreciar las riquezas. Eso es fuerte para quienes se sienten muy atraídos por las riquezas y las cosas del mundo. Alguien dijo: "Los hombres pueden trabajar para dos patrones, pero ningún esclavo puede ser propiedad de dos amos. Ser posesión de alguien y servir a tiempo completo es la esencia de la esclavitud." Dios nos da los recursos que necesitamos para servirle a Él y a otros, y para satisfacer nuestras necesidades.

¡No sirvas a las riquezas! ¿Cómo sabes si eres su esclavo?

- Tus pensamientos.
- Dónde dedicas tu energía y tu tiempo.
- Tu disposición para dárselas a otros.

Dios puede probarte para revelar quién es verdaderamente tu Señor, como Jesús desafió a un joven rico:

—Si quieres ser perfecto, anda, vende lo que tienes y dáselo a los pobres, y tendrás tesoro en el cielo. Luego ven y sígueme.

Cuando el joven oyó esto, se fue triste porque tenía muchas riquezas.

—Les aseguro —comentó Jesús a sus discípulos— que es difícil para un rico entrar en el reino de los cielos. De hecho, le resulta más fácil a un camello pasar por el ojo de una aguja que a un rico entrar en el reino de Dios.

Al oír esto, los discípulos quedaron desconcertados y decían:

—En ese caso, ¿quién podrá salvarse?

—Para los hombres es imposible —aclaró Jesús, mirándolos fijamente—, mas para Dios todo es posible.

—¡Mira, nosotros lo hemos dejado todo por seguirte! —le reclamó Pedro—. ¿Y qué ganamos con eso?

—Les aseguro —respondió Jesús— que en la renovación de todas las cosas, cuando el Hijo del hombre se siente en su trono

glorioso, ustedes que me han seguido se sentarán también en doce tronos para gobernar a las doce tribus de Israel. Y todo el que por mi causa haya dejado casas, hermanos, hermanas, padre, madre, hijos o terrenos recibirá cien veces más y heredará la vida eterna. Pero muchos de los primeros serán últimos, y muchos de los últimos serán primeros (Mateo 19:21-30).

Para acumular tesoros en el cielo, este joven tenía que vender todo y entregárselo a los pobres, y luego seguir a Jesús. Puede ser que eso no sea necesario para todos los cristianos, pero revela lo que es más importante para nosotros. Este joven se fue triste, porque está claro que el dinero era su señor. Jesús no dice que las riquezas en sí mismas sean malas, pero son muy engañosas, y lo hace muy difícil elegir a quién servir como Señor. Es mucho más fácil para un hombre pobre.

En el caso de los apóstoles (que ya dejaron todo para seguir a Jesús), Cristo confirma que habrá una recompensa en el cielo. Aquí nos promete cien veces más, ¡y la vida eterna! Los que parecen pobres en esta vida serán los primeros en el reino, y los ricos y poderosos de este mundo serán los últimos.

17

Cómo ser rico delante de Dios

Lucas 12:15-21 empieza con esta petición: *"Maestro, dile a mi hermano que comparta la herencia conmigo."*

Jesús le responde: »¡Tengan cuidado! —advirtió a la gente—. Absténganse de toda avaricia; la vida de una persona no depende de la abundancia de sus bienes».

Entonces les contó esta parábola:

—El terreno de un hombre rico le produjo una buena cosecha. Así que se puso a pensar: "¿Qué voy a hacer? No tengo dónde almacenar mi cosecha". Por fin dijo: "Ya sé lo que voy a hacer: derribaré mis graneros y construiré otros más grandes, donde pueda almacenar todo mi grano y mis bienes. Y diré: Alma mía, ya tienes bastantes cosas buenas guardadas para muchos años. Descansa, come, bebe y goza de la vida". Pero Dios le dijo: "¡Necio! Esta misma noche te van a reclamar la vida. ¿Y quién se quedará con lo que has acumulado?"

»Así le sucede al que acumula riquezas para sí mismo, en vez de ser rico delante de Dios».

Es un tema común en la enseñanza de Jesús sobre bienes y riquezas: No acumules riquezas para ti. Abstente de todo tipo de avaricia. Contrariamente a la actitud actual del mundo (y de muchos cristianos, dadas sus acciones), esta vida no depende de la abundancia de bienes. Las riquezas son engañosas. Los anuncios siempre intentan convencernos de que si compramos su producto tendremos una vida mejor, pero el ciclo nunca termina: siempre necesitas más; nunca es suficiente.

El hombre de la parábola no es condenado por ser rico; puede ser la bendición de Dios que él haya tenido una buena cosecha, pero su respuesta a esa abundancia es incorrecta. Confía en las cosas que él tiene (inversiones, seguros, ahorros, pensiones) para garantizar el descanso y la alegría en la vida. La triste realidad es que nadie sabe cuándo Dios nos va a llamar a la eternidad, y no sabemos cuándo un incendio, un huracán o un colapso económico pueda quitarnos todo lo que hemos atesorado. No es posible llevar nada contigo a la eternidad.

¿Qué es la solución de Jesús? Sé rico ante Dios y no acumules riquezas y bienes para ti mismo.

No te preocupes

Esa parábola sirvió como introducción al tema de la preocupación. Jesús dio casi la misma enseñanza en el Sermón del Monte, en Mateo 6:25-32.

25 »Por eso les digo: No se preocupen por su vida, qué comerán o beberán; ni por su cuerpo, cómo se vestirán. ¿No tiene la vida más valor que la comida, y el cuerpo más que la ropa? 26 Fíjense en las aves del cielo: no siembran ni cosechan ni almacenan en graneros; sin embargo, el Padre celestial las alimenta. ¿No valen ustedes mucho más que ellas? 27 ¿Quién de ustedes, por mucho que se preocupe, puede añadir una sola hora al curso de su vida?

²⁸ »¿Y por qué se preocupan por la ropa? Observen cómo crecen los lirios del campo. No trabajan ni hilan; ²⁹ sin embargo, les digo que ni siquiera Salomón, con todo su esplendor, se vestía como uno de ellos. ³⁰ Si así viste Dios a la hierba que hoy está en el campo y mañana es arrojada al horno, ¿no hará mucho más por ustedes, gente de poca fe? ³¹ Así que no se preocupen diciendo: "¿Qué comeremos?" o "¿Qué beberemos?" o "¿Con qué nos vestiremos?" ³² Los paganos andan tras todas estas cosas, pero el Padre celestial sabe que ustedes las necesitan.

La gente que no conoce a Dios está ocupada consiguiendo muchas cosas; anda tras ellas. Muchos—incluso cristianos— pasan mucho tiempo comprando y preparando comida, visitando restaurantes y vistiendo a la última moda. Gracias a Dios, la gran mayoría que lee esta enseñanza no tiene que preocuparse por agua potable, dónde conseguir la próxima comida o ropa para vestirse. Tenemos una nevera llena de comida y un armario lleno de ropa. Estamos libres de esas preocupaciones. Pero todavía es posible andar tras esas cosas que *"dominan el pensamiento de los incrédulos"* (NTV). Claro que tener comida es una bendición de Dios, y le damos las gracias, ya sea poca o muy rica. No tenemos que sentirnos culpables por disfrutar de lo que Dios nos ha dado, y no siempre tenemos que andar en harapos. Pero tenemos que evaluar nuestra actitud hacia esas cosas a la luz de esta palabra y mantener un equilibrio saludable en lo que compramos. Si estás en una situación de escasez ahora, Dios quiere liberarte de la preocupación; se compromete a proporcionarte lo que necesitas.

Debo confesar que me resulta difícil creer en esa promesa cuando veo niños muriendo de hambre en África. Nunca diría que ellos tengan poca fe y por eso mueren. Creo que, como cristianos, estamos obligados a hacer todo lo posible para ayudar a la gente hambrienta, en nuestra comunidad y en todo el mundo. Hay suficiente comida en esta tierra para todos; es el egoísmo y el pecado del hombre lo que no permite que todos coman bien. Por ejemplo, si Estados Unidos dedicara lo que gasta en su ejército a alimentar a los hambrientos, podríamos eliminar el hambre.

Jesús dice que los que se preocupan tienen poca fe; de verdad, la preocupación no es compatible con la fe. No nos hicimos a nosotros mismos, ni nos mantenemos vivos; Dios nos creó y ahora nos sostiene.

Es de sentido común: la preocupación es inútil, solo nos estresa y revela una falla en nuestra relación con Dios, como dice este poema:

El petirrojo le dijo al gorrión
"¡Cómo me gustaría saber
por qué los hombres corren
tan ansiosos en su ambición!"

Y el gorrión le respondió:
"Amigo, debe ser
que ellos no tienen un Padre
como tenemos tú y yo."

No estoy seguro de si los pájaros conocen a Dios como Padre, pero el mensaje es claro: si lo conocemos de esa manera, ¿cómo podemos preocuparnos por las cosas sencillas de la vida? Pero incluso los pájaros tienen que buscar su alimento; Dios provee, pero aún tenemos que hacer nuestra parte y sembrar y cosechar.

El amor al dinero

Es cierto que con la verdadera religión se obtienen grandes ganancias, pero solo si uno está satisfecho con lo que tiene. Porque nada trajimos a este mundo, y nada podemos llevarnos. Así que, si tenemos ropa y comida, contentémonos con eso. Los que quieren enriquecerse caen en la tentación y se vuelven esclavos de sus muchos deseos. Estos afanes insensatos y dañinos hunden a la gente en la ruina y en la destrucción. Porque el amor al dinero es la raíz de toda clase de males. Por codiciarlo, algunos se han desviado de la fe y se han causado muchísimos sinsabores (1 Timoteo 6:6-10).

Muchos creen que las *"grandes ganancias"* son riquezas. Pero la Reina Valera dice:

Pero gran ganancia es la piedad acompañada de contentamiento.

Y la Nueva Traducción Viviente:

La verdadera sumisión a Dios es una gran riqueza en sí misma cuando uno está contento con lo que tiene.

- Hay que estar satisfechos y contentos con lo que Dios nos ha dado, y no codiciar más.
- La búsqueda de riqueza nos abre a muchas tentaciones; es muy fácil ser esclavo de esos deseos.
- Afanes insensatos y dañinos hunden a la gente en la ruina y en la destrucción.
- El *amor* al dinero (no el dinero en sí) es la raíz de muchos males.
- La codicia hace que muchos se desvíen de la fe y causen muchas heridas dolorosas.

Busca primero el reino de Dios

[33] *Más bien, busquen primeramente el reino de Dios y su justicia, y todas estas cosas les serán añadidas.* [34] *Por lo tanto, no se angustien por el mañana, el cual tendrá sus propios afanes. Cada día tiene ya sus problemas.*

Una vez más, Jesús no dice que las cosas materiales sean malas. De hecho, Él promete añadir a nosotros todo lo que necesitamos. Solo tenemos que dejar que Dios decida lo que es necesario. Hay muchas cosas que anhelamos y deseamos, pero no necesitamos. No es un conformismo; está bien desear lo mejor para tu familia, pero primero, debemos buscar el reino de Dios y su justicia.

¿Cuál es la cosa más importante que nos será añadida? Muchos piensan en riquezas y cosas materiales, pero en Lucas, después de este mismo dicho, Jesús explica lo que es:

»No tengan miedo, mi rebaño pequeño, porque es la buena voluntad del Padre darles el reino. Vendan sus bienes y den a los pobres. Provéanse de bolsas que no se desgasten; acumulen un tesoro inagotable en el cielo, donde no hay ladrón que aceche ni polilla que destruya. Pues donde tengan ustedes su tesoro, allí estará también su corazón (Lucas 12:32-34).

¡Es el reino que Dios nos añade! Prepararnos para ese reino implica acumular tesoros inagotables en el cielo. ¿Cómo? Vender nuestros bienes y dar a los pobres. ¡No era solo para el joven rico! ¿Dónde está el corazón de la mayoría de los cristianos?

Jesús continúa con una advertencia de no esperar a acumular esos tesoros celestiales:

»Manténganse listos, con la ropa bien ajustada y la luz encendida. Pórtense como siervos que esperan a que regrese su señor de un banquete de bodas, para abrirle la puerta tan pronto

como él llegue y toque. Dichosos los siervos a quienes su señor encuentre pendientes de su llegada. Créanme que se ajustará la ropa, hará que los siervos se sienten a la mesa, y él mismo se pondrá a servirles. Sí, dichosos aquellos siervos a quienes su señor encuentre preparados, aunque llegue a la medianoche o de madrugada. Pero entiendan esto: Si un dueño de casa supiera a qué hora va a llegar el ladrón, estaría pendiente para no dejarlo forzar la entrada. Así mismo deben ustedes estar preparados, porque el Hijo del hombre vendrá cuando menos lo esperen» (Lucas 12:35-40).

Si estamos ocupados acumulando riquezas y distraídos con todos nuestros "juguetes" y las cosas del mundo, hay un gran riesgo de que no estemos listos; los ojos estarán fijos en esas cosas.

Dios nos da dinero y bienes para administrar como mayordomos. Hay que buscar su voluntad en cómo usarlos y ser fieles en bendecir a otros con ellos. Jesús continúa esta enseñanza con el mismo tema de su regreso y la necesidad de estar preparados. Aquí, Él ha encargado al mayordomo que distribuya comida a los siervos del Señor. Dios espera que aquellos que tienen abundancia de cosas sean fieles y prudentes en administrarlas para bendecir a su pueblo:

—*¿Dónde se halla un mayordomo fiel y prudente a quien su señor deja encargado de los siervos para repartirles la comida a su debido tiempo? Dichoso el siervo cuyo señor, al regresar, lo encuentra cumpliendo con su deber. Les aseguro que lo pondrá a cargo de todos sus bienes. Pero ¡qué tal si ese siervo se pone a pensar: "Mi señor tarda en volver", y luego comienza a golpear a los criados y a las criadas, y a comer y beber y emborracharse! El señor de ese siervo volverá el día en que el siervo menos lo espere y a la hora menos pensada. Entonces lo castigará severamente y* *le impondrá la condena que reciben los incrédulos* (Lucas 12:42-46).

El creyente que fielmente bendice a otros con lo que el Señor le ha confiado recibirá una posición de gran responsabilidad: Dios lo pondrá a cargo de todos sus bienes. El creyente que egoístamente abusa de otros y piensa solo en sí mismo y en su placer será severamente castigado y enviado al infierno. Sí, es cuestión de nuestra salvación.

Conclusión

Esta es una enseñanza muy difícil para los que predican que Dios quiere que seas rico y equiparan la prosperidad con cosas materiales. Ni Jesús ni ninguno de los apóstoles eran ricos. La enseñanza de Jesús va completamente en contra del materialismo de este mundo (y de muchos cristianos). Hay algunos desafíos muy fuertes aquí para los muchos cristianos ricos.

Manténganse libres del amor al dinero, y conténtense con lo que tienen, porque Dios ha dicho:

«Nunca te dejaré;
jamás te abandonaré».

(Hebreos 13:5)

18

Jesús y el dinero

Andar como Jesús anduvo implica toda la vida, no solo la vida espiritual. Aquí Jesús enseña acerca de nuestras obligaciones financieras hacia los menos afortunados, la iglesia y el gobierno. Cristo nunca manejó mucho dinero y no era muy importante para Él. Judas Iscariote era su tesorero. No sabemos cómo llegó a tener esa posición, pero él robó dinero (Juan 12:6), y eso también nos puede pasar a nosotros si confiamos en la persona equivocada. Jesús entendió que el dinero era necesario para la vida en este mundo, pero la mayoría de nosotros le damos demasiada importancia.

La enseñanza del Nuevo Testamento sobre el dinero

El Antiguo Testamento presentaba las riquezas y cosas materiales como evidencia de la bendición de Dios. El Nuevo Testamento tiene una actitud bastante negativa hacia el dinero; existe principalmente para dar y ayudar a la gente necesitada. Será muy difícil encontrar un versículo en el Nuevo Testamento que diga que Dios quiere que tú seas rico. Ya hemos visto varios ejemplos en el capítulo anterior, y estos versículos son representativos:

- No es necesariamente un pecado ser rico, pero hay requisitos para los ricos: *A los ricos de este mundo, mándales que no sean arrogantes ni pongan su esperanza en las riquezas, que son tan inseguras, sino en Dios, que nos provee de todo en abundancia para que lo disfrutemos. Mándales que hagan el bien, que sean ricos en buenas obras, y generosos, dispuestos a compartir lo que tienen. De este modo atesorarán para sí un seguro caudal para el futuro y obtendrán la vida verdadera* (1 Timoteo 6:17-19).

- Santiago tiene palabras más fuertes: *Ahora escuchen, ustedes los ricos: ¡lloren a gritos por las calamidades que se les vienen encima! Se ha podrido su riqueza, y sus ropas están comidas por la polilla. Se han oxidado su oro y su plata. Ese óxido dará testimonio contra ustedes y consumirá como fuego sus cuerpos. Han amontonado riquezas, ¡y eso que estamos en los últimos tiempos! Oigan cómo clama contra ustedes el salario no pagado a los obreros que les trabajaron sus campos. El clamor de esos trabajadores ha llegado a oídos del Señor Todopoderoso. Ustedes han llevado en este mundo una vida de lujo y de placer desenfrenado. Lo que han hecho es engordar para el día de la matanza. Han condenado y matado al justo sin que él les ofreciera resistencia* (Santiago 5:1-6).

- Apocalipsis nos presenta con una contradicción:

  o Para la iglesia en Esmirna: *Conozco tus sufrimientos y tu pobreza. ¡Sin embargo, eres rico!* (2:9)

o   Y la iglesia en Laodicea: *Dices: "Soy rico; me he
enriquecido y no me hace falta nada"; pero no te
das cuenta de cuán infeliz y miserable, pobre,
ciego y desnudo eres tú* (3:17).

Nuestra obligación para con los menos afortunados: Lucas 16:19-31

[19] *»Había un hombre rico que se vestía lujosamente y daba
espléndidos banquetes todos los días. [20] A la puerta de su casa se
tendía un mendigo llamado Lázaro, que estaba cubierto de
llagas [21] y que hubiera querido llenarse el estómago con lo que
caía de la mesa del rico. Hasta los perros se acercaban y le lamían
las llagas.*

Yo puedo imaginar esta historia en la predicación de muchas
iglesias modernas, con un final muy diferente. Muchos cristianos
señalarían al hombre rico como bendecido por Dios y se
identificarían con él. En la versión popular que se escucha en
muchas iglesias, el hombre rico comparte las buenas nuevas de
salvación, prosperidad y sanidad con Lázaro. El mendigo se salva,
Dios lo sana y le bendice con un buen trabajo en la empresa del
hombre rico. La historia termina con Lázaro vestido a la moda y
disfrutando de los espléndidos banquetes todos los días.

Pero la parábola de Jesús es radicalmente diferente. El rico, que
vestía de lujosamente, no tenía tiempo, interés ni compasión por
el pobre mendigo. No lo dice, pero probablemente nunca le dio
nada, aunque tenía tanta abundancia que ofrecía espléndidos
banquetes todos los días para sus amigos ricos. No le ofreció a
Lázaro ni lo que caía de su mesa.

[22] *»Resulta que murió el mendigo, y los ángeles se lo llevaron para
que estuviera al lado de Abraham. También murió el rico, y lo*

sepultaron. ²³ En el infierno, en medio de sus tormentos, el rico levantó los ojos y vio de lejos a Abraham, y a Lázaro junto a él.

Están en dos extremos: uno súper rico y el otro indigente. Está claro que el mendigo es el héroe en esta historia, y el rico el villano. Todos mueren, lo que hace a todos los hombres iguales. Lázaro estaba contento y libre de sus llagas, pero el rico llegó al infierno desnudo, sin sus vestidos lujosos ni un centavo de su riqueza. Jesús nunca menciona la fe o la práctica religiosa de Lázaro ni del rico. No podemos asumir que todos los ricos van al infierno y los pobres al cielo, pero creo que Jesús quiere dar la impresión de que podría ser así (en Marcos 10:25, en otra ocasión, Él dijo: *Le resulta más fácil a un camello pasar por el ojo de una aguja que a un rico entrar en el reino de Dios*).

Lo que sucedió después de la muerte es radicalmente diferente:

- El mendigo fue llevado por los ángeles al lado de Abraham, en una posición muy exaltada.
- El rico fue sepultado y sufre tormentos en el infierno.

En su parábola, Jesús permite que el hombre rico vea el cielo, pero eso no necesariamente significa que así sea en realidad (aunque ciertamente aumentaría su tormento).

²⁴ Así que alzó la voz y lo llamó: "Padre Abraham, ten compasión de mí y manda a Lázaro que moje la punta del dedo en agua y me refresque la lengua, porque estoy sufriendo mucho en este fuego". ²⁵ Pero Abraham le contestó: "Hijo, recuerda que durante tu vida te fue muy bien, mientras que a Lázaro le fue muy mal; pero ahora a él le toca recibir consuelo aquí, y a ti, sufrir terriblemente. ²⁶ Además de eso, hay un gran abismo entre nosotros y ustedes, de modo que los que quieren pasar de aquí para allá no pueden, ni tampoco pueden los de allá para acá".

Es muy posible que el rico rechazara muchas veces la petición de Lázaro de una miga; ahora le pide a Lázaro que lo alivie del fuego (*la punta del dedo en agua*). Antes, no necesitaba la misericordia de Dios en su vida, pero ahora la pide.

Otra vez, no podemos deducir que si te va bien durante tu vida aquí, irás al infierno, aunque Jesús también dijo: *¡Ay de ustedes los ricos, porque ya han recibido su consuelo! ¡Ay de ustedes los que ahora están saciados, porque sabrán lo que es pasar hambre!* (Lucas 6:24-25) Tampoco podemos afirmar que si te va muy mal aquí, irás automáticamente al cielo. Pero lo mínimo que Jesús le exigió al rico es tener compasión y ayudar a los menos afortunados; existe una tendencia fuerte a que los ricos confíen en sus riquezas e ignoren a los necesitados que los rodean. Y hay consuelo para los pobres; Dios tiene gran compasión por ellos y los recompensa con mucho en el cielo. Si tú estás sufriendo ahora, Dios lo sabe, y hay esperanza de algo mucho mejor en el futuro. Por desgracia, hay mucha injusticia en este mundo, y muchas veces los ricos continúan con sus banquetes y la vida buena, e ignoran a los necesitados que los rodean. Puede parecer que Dios no hace nada, pero Dios sabe, y algún día tendrán que pagar. Ya es tarde, después de la muerte, para pedir alivio, misericordia o salvación del tormento del infierno.

²⁷ »Él respondió: "Entonces te ruego, padre, que mandes a Lázaro a la casa de mi padre, ²⁸ para que advierta a mis cinco hermanos y no vengan ellos también a este lugar de tormento". ²⁹ Pero Abraham le contestó: "Ya tienen a Moisés y a los profetas; ¡que les hagan caso a ellos!" ³⁰ "No les harán caso, padre Abraham —replicó el rico—; en cambio, si se les presentara uno de entre los muertos, entonces sí se arrepentirían". ³¹ Abraham le dijo: "Si no les hacen caso a Moisés y a los profetas, tampoco se convencerán aunque alguien se levante de entre los muertos"».

Los últimos versículos del pasaje no tienen mucho que ver con el tema del dinero, pero hablan de lo difícil que es para la gente que se siente cómoda en este mundo creer las buenas nuevas y ayudar a los necesitados. Tenían el Antiguo Testamento, pero no lo hacían caso, e incluso la resurrección de Jesús no sería suficiente para cambiarlos.

Nuestra obligación para la obra de Dios: Marcos 12:41-44

En el templo no tenían una colecta como la tienen en muchas iglesias; había unas alcancías donde la gente podía depositar su ofrenda en cualquier momento. Nadie sabía cuánto había depositado alguien, y así es como también debería ser en la iglesia. Pero un día, Jesús estaba observando a la gente; parece que estaba sentado solo, y luego llamó a sus discípulos.

41 Jesús se sentó frente al lugar donde se depositaban las ofrendas, y estuvo observando cómo la gente echaba sus monedas en las alcancías del templo. Muchos ricos echaban grandes cantidades. 42 Pero una viuda pobre llegó y echó dos moneditas de muy poco valor.

Nuevamente, como en el ejemplo anterior, Jesús menospreció a los ricos y convirtió a una viuda pobre en una heroína.

43 Jesús llamó a sus discípulos y les dijo: «Les aseguro que esta viuda pobre ha echado en el tesoro más que todos los demás. 44 Estos dieron de lo que les sobraba; pero ella, de su pobreza, echó todo lo que tenía, todo su sustento».

Dios tiene un concepto diferente de lo que es importante. Él mira el corazón y el motivo, y no la cantidad. La viuda dio todo; la mayoría de nosotros damos lo que nos sobra. ¿Podrían estar equivocados quienes con cuidado dan su 10% y creen que eso es un gran logro y que Dios está feliz? Entonces, ¿siempre tenemos que dar todo lo que tenemos? No lo creo, pero es importante ser generoso, entregar todo lo que tenemos a Jesús, ser guiados por Él en cómo usarlo y vivir realmente por fe.

Nuestra obligación con el gobierno: Mateo 22:15-22

Aunque su pueblo estaba oprimido por el gran imperio romano, Jesús habló muy poco acerca de la política o de nuestras responsabilidades para con el gobierno. Aquí habló solo porque los fariseos le obligaron:

15 Entonces salieron los fariseos y tramaron cómo tenderle a Jesús una trampa con sus mismas palabras. 16 Enviaron algunos de sus discípulos junto con los herodianos, los cuales le dijeron:

—Maestro, sabemos que eres un hombre íntegro y que enseñas el camino de Dios de acuerdo con la verdad. No te dejas influir por nadie porque no te fijas en las apariencias. 17 Danos tu opinión: ¿Está permitido pagar impuestos al césar o no?

Los fariseos se opusieron a los romanos; los herodianos eran un partido político que apoyaba a Herodes Antipas. Los dos grupos siempre eran enemigos, pero aquí se unieron contra Jesús. (Lucas dice que *enviaron espías que se simulasen justos.*) Para gente con malas intenciones, habla muy bien de Cristo. ¿Son sinceros, o están echando flores? Dicen que Jesús es un hombre:

- Íntegro
- Que enseña el camino de Dios según la verdad
- Que no se deja influir por nadie
- Que no se fija en las apariencias

Es cierto, pero ten cuidado con la adulación; Dios puede ayudarte a detectar y mantenerte alejado de esa trampa. Ellos saben que si Jesús dice que no se tienen que pagar los impuestos, puede acusarle de rebelión ante las autoridades. Pero puede perder su apoyo popular y ser visto como traidor a su país y a su religión si simpatiza con los romanos. Muchos estaban resentidos porque los impuestos ayudaron a mantener los templos paganos y la vida lujosa de las altas clases de Roma.

18 Conociendo sus malas intenciones, Jesús replicó: —¡Hipócritas! ¿Por qué me tienden trampas? 19 Muéstrenme la moneda para el impuesto.

Y se la enseñaron.

20 —¿De quién son esta imagen y esta inscripción? —les preguntó.

21 —Del césar —respondieron.

—Entonces denle al césar lo que es del césar y a Dios lo que es de Dios.

Jesús los obliga a responder su propia pregunta con una respuesta obvia, y en el proceso confirma nuestra responsabilidad de pagar impuestos. Sirvió perfectamente para callar a sus enemigos y escapar de su trampa. Nos da un principio general: tenemos que ser íntegros en el pago de impuestos y no infringir la ley para evitarlos. Igualmente, tenemos que dar a Dios lo que le pertenece. Hay una separación entre los dos, y es importante mantener esa distinción. La verdad es que somos ciudadanos tanto de un reino terrenal como de un reino celestial.

Jesús nunca tuvo la intención de que esta fuera una enseñanza integral sobre el dar. Así que nos deja con unas preguntas:

- Todo el dinero tiene la inscripción del gobierno. ¿Es para decir que tenemos que darles todo nuestro dinero? ¡Claro que no!

- No hay dinero con la inscripción de Dios. ¿Es para decir que no le damos nada de ese dinero a Dios? ¡Claro que no!

- ¿Cómo determinamos lo que corresponde a Dios? ¿Quién dice si cumplimos con nuestra obligación o no? Nosotros somos los que llevamos la imagen de Dios; tenemos que ofrecerle toda la vida a Él.

22 Al oír esto, se quedaron asombrados. Así que lo dejaron y se fueron.

¡Jesús es tan maravilloso! Sin discutir ni condenar, siempre tuvo exactamente las palabras adecuadas para responder a cualquier situación. ¡Que Él nos ayude a hacer lo mismo!

Dios también puede suministrar el dinero que necesitamos para pagar impuestos y obedecer las leyes. Hay una historia muy interesante en Mateo 17:24-27:

Cuando Jesús y sus discípulos llegaron a Capernaúm, los que cobraban el impuesto del templo se acercaron a Pedro y le preguntaron: —¿Su maestro no paga el impuesto del templo?

—Sí, lo paga —respondió Pedro. Al entrar Pedro en la casa, se adelantó Jesús a preguntarle: —¿Tú qué opinas, Simón? Los reyes de la tierra, ¿a quiénes cobran tributos e impuestos: a los suyos o a los demás?

—A los demás —contestó Pedro.

—Entonces los suyos están exentos —le dijo Jesús—. Pero, para no escandalizar a esta gente, vete al lago y echa el anzuelo. Saca el primer pez que pique; ábrele la boca y encontrarás una moneda. Tómala y dásela a ellos por mi impuesto y por el tuyo.

En este caso fue el impuesto del templo (algo que Jesús implica que no deberían cobrar a los creyentes). Jesús, característicamente, ya sabe lo que le dijeron a Pedro y tiene una provisión inusual: una moneda en la boca de un pez. Pagar impuestos es importante para Dios (aunque Jesús no parece estar entusiasmado con la idea), y podemos confiar en que Él va a suplir el dinero para pagarlos.

¿Cómo te va en estas tres áreas?

- ¿Te identificas más con Lázaro o con el hombre rico? ¿Hay un Lázaro cerca de ti a quien debes ayudar?

- Si hay hombres como el rico en tu congregación, ¿cómo deberías tratar con ellos? ¿Cuál de las dos versiones que describí de esta parábola está más cerca de lo que estás acostumbrado a escuchar en tu iglesia?

- ¿Te sientes satisfecho porque das mucha de la gran cantidad de dinero que tienes? ¿Requiere fe? ¿Sabes lo que es dar todo, sacrificialmente, hasta que duele? (No porque alguien en la televisión te lo obliga, sino porque Dios lo pone en tu corazón.)

- ¿Puedes decir con confianza que le estás dando a Dios lo que es de Dios? ¿Le estás robando a "César" porque no pagas todos los impuestos que te corresponden?

19

Andando con Jesús en una "cueva de ladrones"
Juan 2:13-25

Es obvio que el ADN del reino es radicalmente diferente al ADN de este mundo. Los hijos del Rey son mansos y pacificadores, que aman y perdonan a otros. Resistimos la presión para acumular riquezas y cosas materiales. Pero hay un verso difícil en Mateo 11:12:

Y desde los días de Juan el Bautista hasta ahora, el reino de los cielos sufre violencia, y los violentos lo conquistan por la fuerza. (LBLA)

El reino también es un campo de batalla. Gente violenta, inspirada por Satanás, intenta conquistarlo por la fuerza. No pueden, pero es una batalla. A veces tenemos que levantarnos para defender a nuestro Rey y los valores de su reino. Alguien, por ejemplo, tenía que resistir a Hitler. Parte de nuestro ADN es rabia y valentía para guerrear. En esta porción, vamos a ver cómo

Jesús navegó en una cueva de ladrones, donde el reino de la luz chocó contra el reino de las tinieblas.

13 Cuando se aproximaba la Pascua de los judíos, subió Jesús a Jerusalén. 14 Y en el templo halló a los que vendían bueyes, ovejas y palomas, e instalados en sus mesas a los que cambiaban dinero. 15 Entonces, haciendo un látigo de cuerdas, echó a todos del templo, juntamente con sus ovejas y sus bueyes; regó por el suelo las monedas de los que cambiaban dinero y derribó sus mesas. 16 A los que vendían las palomas les dijo:

—¡Saquen esto de aquí! ¿Cómo se atreven a convertir la casa de mi Padre en un mercado?

17 Sus discípulos se acordaron de que está escrito: «El celo por tu casa me consumirá».

Celo por la casa de su Padre

Seguro que esta no fue la primera vez que Jesús vio este alboroto, pero a menudo tienes que controlar la ira, calmarte y esperar el momento y la forma de expresarla. Una de las lecciones más importantes de esta porción es que la ira no es pecado; incluso puede haber momentos en los que sea apropiado enfrentar violentamente las fuerzas del mal. ¡Definitivamente este no es el Jesús manso y dulce que vemos en muchos cuadros! Sus discípulos lo vieron consumido por celo por la casa de su Padre. Está claro que no le importaron las pérdidas de los cambistas; a propósito, regó todo ese dinero por el suelo. ¿Quién sabe qué pasó con esas monedas? Ya hemos visto que el dinero nunca importaba mucho a Jesús.

La ira y el celo son partes del carácter de Dios y el ADN del reino, como lo demuestran muchos pasajes del Antiguo Testamento y

Apocalipsis. Este es el ejemplo más fuerte de la ira de Jesús; ¿por qué estaba tan enojado?

- Llamó el templo una *"cueva de ladrones"*; cobraban demasiado por la conveniencia de comprar, allí en el mismo templo, las palomas, las ovejas y los bueyes requeridos para los sacrificios. Los cambistas (quienes cambiaban monedas extranjeras por la moneda local) aprovecharon a los extranjeros con comisiones muy altas.

- Jesús expulsó a *todos* del templo. La casa de Dios no debe ser un mercado; es una casa de oración, y Jesús condena todo lo que hace que el templo sea un mercado.

- Aparte del acto de comprar y vender, imagina el ruido, el excremento y el olor de todos esos animales.

¿Está bien vender cosas en las iglesias de hoy?

- ¿Está bien tener librerías en la iglesia? ¿O cafeterías, incluso Starbucks?

- ¿Está bien vender tamales y toda clase de alimentos para recaudar fondos para los programas de la iglesia?

- ¿Está bien que los invitados que están predicando o ministrando en la adoración vendan sus libros, DVDs y CDs?

Casi todas las opiniones que leí en Internet justifican la venta de algunas cosas en la iglesia. Es cierto que en Cristo *nosotros* somos el templo; Dios no mora en edificios. Puede ser que nuestros edificios no sean santos como el templo en Jerusalén era santo. Dios dio instrucciones detalladas para la construcción de ese templo. ¿Pero no es problemático todo lo que distrae de la función de ese edificio como casa de oración y adoración a Dios? Cuando se convierte en un mercado, estamos violando su santidad.

¿Dos purificaciones del templo?

Quiero hacer una pausa aquí con respecto a Juan para responder a una duda que muchos tienen sobre esta purificación del templo. El evangelio de Juan la sitúa al principio del ministerio de Jesús, aunque solo menciona que "se aproximaba la Pascua". ¿Cuál Pascua? Es difícil ver la conexión con el milagro en Caná (el pasaje anterior) o con la visita de Nicodemo en Juan 3. Puede ser que ésta haya sido la última Pascua que celebró Jesús, después de la entrada triunfal, donde Mateo la menciona (21:12-13):

Jesús entró en el templo y echó de allí a todos los que compraban y vendían. Volcó las mesas de los que cambiaban dinero y los puestos de los que vendían palomas. «Escrito está —les dijo—: "Mi casa será llamada casa de oración"; pero ustedes la están convirtiendo en "cueva de ladrones"».

Lucas y Marcos también la colocan durante esa última semana de su ministerio; Marcos dice específicamente que fue lunes, después de la entrada triunfal:

Al día siguiente, cuando salían de Betania, Jesús tuvo hambre.

Llegaron, pues, a Jerusalén. Jesús entró en el templo y comenzó a echar de allí a los que compraban y vendían. Volcó las mesas de los que cambiaban dinero y los puestos de los que vendían palomas, y no permitía que nadie atravesara el templo llevando mercancías. También les enseñaba con estas palabras: «¿No está escrito: »"Mi casa será llamada casa de oración para todas las naciones"? Pero ustedes la han convertido en "cueva de ladrones"» (Marcos 11:12-17).

Para muchos, esta cuestión de dónde colocar la historia en Juan no tiene mucha importancia, pero puede ser un buen ejemplo de la importancia de interpretar cuidadosamente las escrituras. Parece improbable que Jesús limpiara el templo dos veces. Al comienzo de su ministerio no quería llamar mucho la atención sobre sí mismo; ¿por qué haría algo tan provocativo tan temprano? Sería más lógico al final de su ministerio, cuando ya tenía mucha oposición. Después de esto querían matarlo:

Los jefes de los sacerdotes y los maestros de la ley lo oyeron y comenzaron a buscar la manera de matarlo, pues le temían, ya que toda la gente se maravillaba de sus enseñanzas (Marcos 11:15-18).

Marcos tenía un enfoque más amplio que Mateo (quien escribió para los judíos) y cita a Jesús diciendo que el templo es una casa de oración *"para todas las naciones"*. ¡Jesús ya está incluyendo a los gentiles en el pueblo de Dios! Lucas tiene la referencia más corta:

Luego entró en el templo y comenzó a echar de allí a los que estaban vendiendo. «Escrito está —les dijo—: "Mi casa será casa de oración"; pero ustedes la han convertido en "cueva de ladrones"» (Lucas 19:45-46).

No cambia el mensaje; no tiene tanta importancia dónde colocamos la purificación en Juan, pero yo creo que es el mismo evento que los tres evangelios sinópticos sitúan durante la última semana de su vida. Tal vez Juan quiso presentar la profecía de la resurrección de Jesús al principio.

Los judíos exigen una señal

Volvemos a Juan 2 y el revolú en el templo sagrado, ocasionado por el Hijo de Dios. Es interesante pensar en la reacción de la gente común; estoy seguro de que algunos de ellos estaban muy contentos de que alguien haya confrontado estos abusos. Por supuesto, los comerciantes y los líderes del templo (que probablemente también recibían dinero del negocio) estaban muy enojados, pero en vez de arrestar a Jesús, exigieron alguna señal que le diera la autorización:

18 Entonces los judíos reaccionaron, preguntándole: —¿Qué señal puedes mostrarnos para actuar de esta manera?

19 —Destruyan este templo —respondió Jesús—, y lo levantaré de nuevo en tres días.

20 —Tardaron cuarenta y seis años en construir este templo, ¿y tú vas a levantarlo en tres días?

¡El hecho de que el templo fuera la casa de su Padre debe ser suficiente! Pero a Jesús le gusta confundir a sus críticos, y les ofrece una señal muy impresionante: los desafía a destruir el templo, y Él lo levantará en tres días. Para ver la señal, ellos primero tienen que destruir el templo, algo que obviamente no van a hacer. Pero Jesús aprovecha la oportunidad para hablar sobre su resurrección:

21 Pero el templo al que se refería era su propio cuerpo. 22 Así, pues, cuando se levantó de entre los muertos, sus discípulos se acordaron de lo que había dicho, y creyeron en la Escritura y en las palabras de Jesús. 23 Mientras estaba en Jerusalén, durante la fiesta de la Pascua, muchos creyeron en su nombre al ver las señales que hacía.

Jesús no hizo la señal que los líderes pedían y, a diferencia de sus discípulos, ellos probablemente nunca conectaron la promesa de levantar el templo de nuevo con su resurrección. Pero Jesús hizo muchas señales esa semana, y para disgusto de los líderes, muchos creyeron en Él.

¿Qué significa que Jesús "sabía lo que había en el hombre"?

24 En cambio Jesús no les creía porque los conocía a todos; 25 no necesitaba que nadie le informara nada acerca de los demás, pues él conocía el interior del ser humano.

La gente creía en Jesús, pero Él no creía en ellos. ¿Por qué?

Es interesante que ambos versos, el 22 y el 23, indiquen que creyeron en Jesús, pero parece que la fe de los discípulos (verso 22) era una fe más madura y razonada, basada en las Escrituras del Antiguo Testamento y las palabras de Jesús, y confirmada por su resurrección. Este fue otro paso en un proceso de establecerlos en una fe firme. Por otro lado, los "muchos" que creyeron en Él durante la Pascua creyeron cuando vieron *"las señales que hacía"*. La fe basada solamente en milagros y señales es notoria por su debilidad. Puede ser que esa misma gente alabó a Jesús el día anterior en su entrada triunfal y gritó *"crucifícalo"* unos días después. Jesús *"no les creía"* porque Él sabía cuán inconstante y voluble es el ser humano. Él sabía lo que había en sus corazones, como Él dice en Juan 6:64, de sus mismos discípulos: *"Sin embargo, hay algunos de ustedes que no creen."* *Es que Jesús conocía desde el principio quiénes eran los que no creían y quién era el que iba a traicionarlo.* Parece decir que algunos de los doce no creían en Él, e incluso uno de esos elegidos fue una profunda decepción y traidor.

La verdad (que puede brindarte mucha consolación o hacerte sentir muy incómodo) es que Jesús te conoce por completo; conoce tu sinceridad y lo que hay en tu corazón. A partir del verso 25, Juan va directamente a la historia de Nicodemo: *Había entre los fariseos un dirigente de los judíos llamado Nicodemo* (Juan 3:1). Puede ser que por esta razón Juan colocó la historia de la purificación aquí: Las evidentes controversias con los fariseos y otros líderes, y su falta de fe, contrastan con Nicodemo, quien tenía fe, pero no una fe salvadora; tuvo que aprender lo que significa nacer de nuevo. Jesús pudo ver su corazón y supo que era sincero.

Nosotros no tenemos que ser negativos, sospechosos y cínicos con la gente. Sabemos que todos somos pecadores, con una mezcla de motivos en nuestros corazones:

Engañoso es el corazón más que todas las cosas, y perverso; ¿quién lo conocerá? (Jeremías 17:9)

La respuesta obvia es: ¡Jesús! Por eso, Él dijo que hay que ser astuto y tener cuidado:

»Los envío como ovejas en medio de lobos. Por tanto, sean astutos como serpientes y sencillos como palomas. Tengan cuidado con la gente; los entregarán a los tribunales y los azotarán en las sinagogas (Mateo 10:16-17).

Ser sencillo no significa ser ingenuo. Con el mismo conocimiento, debemos amar a la gente y confiar en Dios para protegernos.

Afligió e irritó a Jesús ver cómo su propia gente profanaba la casa de su Padre. Allí estaba, probablemente después de tres años de ministerio, y su impacto parecía mínimo. ¡No es de extrañar que reaccionara con tanta ira! No era sorprendente que no confiara en la gente. Hay un tiempo en que su paciencia se agotará y su ira se derramará en este mundo pecaminoso. Ten cuidado de convertir lo que debe ser un lugar de oración y adoración en un negocio o un mercado. ¿Qué pasaría si Jesús apareciera en la iglesia para vaciar las cajas registradoras y echar fuera a todos los que estaban comprando o vendiendo? ¿Hay una cueva de ladrones en tu ciudad? ¿Cómo puedes andar como Jesús anduvo en esta situación?

20

Nunca solo

Juan 14

Hemos disfrutado de la rica enseñanza de Jesucristo acerca del reino de Dios. Multitudes siempre buscaban a Jesús, así que mucha de esa enseñanza fue dirigida a ellos (el mejor ejemplo es el Sermón del Monte). En otras ocasiones, sus críticos (los fariseos y los maestros de la ley) escucharon sus enseñanzas, a menudo en grupos más pequeños. Aquí, en la intimidad del aposento alto, solo unas horas antes de su arresto y traición, Jesús quiere compartir cosas sumamente importantes con sus doce discípulos. Quiere prepararlos para su salida y asegurarlos de que, venga lo que venga, en el reino de Dios nunca estás solo.

No se turbe tu corazón

¹*No se angustien. Confíen en Dios, y confíen también en mí.*

Habrá muchas razones para angustiarse; el mundo de los discípulos será destruido mientras ven a su Maestro juzgado y crucificado. Para Jesús, aún habría más razones para angustiarse, pero Él tiene tres palabras sencillas para ellos:

- *No se angustien. Otras traducciones dicen: No se turbe vuestro corazón (RVR) y No dejen que el corazón se les llene de angustia (NTV).* Es un mandato. Este capítulo está lleno de las razones por las que no tenemos que angustiarnos. Puede ser que tú estés enfrentando una situación muy dura. Andando como Jesús anduvo, no te eximes de ellas; hay veces en las que tenemos que caminar con Él hasta el Calvario, pero debemos luchar contra la angustia y no dejar que el corazón se turbe. La angustia nace del temor; llena tu corazón con la Palabra de Dios, alabanzas y el Espíritu Santo, y no habrá lugar para la angustia.

- *Confíen en Dios.* Jesús tuvo paz frente a la cruz porque tenía fe en que su Padre lo resucitaría. Esperemos que tú ya hayas experimentado la fidelidad de Dios y tengas una fe firme. Nunca te abandonará ni te desamparará. No confíes en el hombre, confía en Dios. En la NVI es un mandato, pero en la RVR es una declaración: *creéis en Dios, creed también en mí.* Puede ser que Jesús signifique que ya tienes fe en el Dios soberano de los judíos; puedes tener esa misma fe en Cristo, porque son iguales.

- *Confía también en Jesús.* Él es tu hermano mayor, tu sumo sacerdote, quien fue tentado en todo como tú. Está intercediendo por ti a la diestra de su Padre.

Es posible que tu vida no vaya como esperabas. Tu mundo está hecho pedazos y tu corazón está quebrantado. No comprendes lo que está sucediendo. Puedes turbarte y angustiarte, pero Jesús te ama y está en control. Quiere lo mejor para ti. Tiene un plan y un propósito para tu vida. Hay joyas para nosotros en este capítulo, pero Jesús sabe que para recibirlas, tienes que ser libre de la angustia y tener una fe viva.

Andar por fe y no por vista

² En el hogar de mi Padre hay muchas viviendas; si no fuera así, ya se lo habría dicho a ustedes. Voy a prepararles un lugar. ³ Y, si me voy y se lo preparo, vendré para llevármelos conmigo. Así ustedes estarán donde yo esté.

Aquí en la tierra aprendemos a andar como Cristo anduvo; su plan es que andemos juntos por toda la eternidad. Él te quiere donde Él está, y ahora mismo está preparando una vivienda especial para ti. Es el sueño de muchos tener una casa propia (y es una bendición), pero si no tienes esa casa y vives en un domicilio muy humilde, no te preocupes. Allá vas a tener una vivienda mucho mejor que cualquier mansión aquí en la tierra.

Cristo quiere llenarte con esa esperanza y expectativa. La mentira y el engaño nos rodean en este mundo, pero puedes confiar en la palabra de Jesús; Él siempre dice la verdad. ¿Tienes una fe sólida en que hay un cielo? ¿Cómo te hace sentir saber que algún día Cristo vendrá a llevarte con Él? No hay lugar mejor que estar con Cristo; muchos de nosotros disfrutamos de esa presencia en el lugar secreto y en los cultos en la iglesia. Es una muestra pequeña de lo que vamos a experimentar por toda la eternidad. ¿No quieres que toda tu familia esté contigo en esa vivienda? Comparte esta palabra con ellos, para que tengan la misma esperanza.

Cuando te enfocas en las cosas del mundo, es fácil turbarte. Fija tus ojos en Jesús y piensa en las cosas de arriba.

Cristo *es* el camino

⁴ Ustedes ya conocen el camino para ir adonde yo voy».

Si leíste el primer libro de esta serie, es posible que recuerdes uno de los primeros pasos para caminar con Jesús: entrar por la puerta estrecha y andar por el camino angosto (Mateo 7:13-14). Estos discípulos pasaron tres años caminando por ese camino con Jesús. Deberían conocerlo bien. Si seguimos avanzando por ese camino, atravesamos la muerte y entramos directamente en la presencia de Jesús.

⁵ Dijo entonces Tomás: —Señor, no sabemos a dónde vas, así que ¿cómo podemos conocer el camino?

⁶ —Yo soy el camino, la verdad y la vida —le contestó Jesús—. Nadie llega al Padre sino por mí.⁷ Si ustedes realmente me conocieran, conocerían también a mi Padre. Y ya desde este momento lo conocen y lo han visto.

Cuando pensamos en un camino, tendemos a imaginar algo físico, como una carretera. Demasiadas veces, el camino cristiano se presenta como una fórmula: orar, leer la Biblia, ir a la iglesia y evitar el pecado. Son cosas buenas, son cosas que hacemos mientras caminamos, pero el camino es una persona, es Jesús. Él es todo: el camino, la verdad y la vida. Es de moda decir que hay muchos caminos al cielo. Dicen que lo importante es tener una fe sincera en lo que crees, ya sea Muhammad o Buda, pero Jesús dice que Él es el único camino al Padre.

Tomás ya llevaba tres años con el camino, y no lo sabía. Hay "cristianos" hoy que siempre buscan alguna nueva experiencia, una iglesia más ungida o una palabra profética, y son como Tomás: no se dan cuenta de que solo necesitan a Jesús. Cristo dice aquí *"si ustedes realmente me conocieran"*; parece que incluso después de tres años de comunión íntima con Jesús, Él sabía que es posible que realmente no le conocieran. Puede ser tu situación también: has tratado de hacerlo todo bien, has leído este libro con cuidado, poniendo en práctica sus enseñanzas, pero realmente no conoces a Jesús. No estás convencido de que la Biblia y Dios mismo sean verdaderos, y no estás experimentando la vida sobrenatural. Puede que hayas buscado vida en las relaciones, las riquezas o las fiestas. Solo hay vida real en una relación con Jesús.

[8] —*Señor —dijo Felipe—, muéstranos al Padre y con eso nos basta.*

¿Felipe es sordo? Jesús acaba de decir que ya han conocido al Padre y que han visto al Padre porque conocen a Jesús. Pero la tendencia humana es siempre desear algo más: más bendiciones, más influencia, más poder o una posición más alta. "Señor, dame un buen trabajo y con eso me basta. Dame una casa nueva y con eso me basta." Pero si no es a Jesús a quien buscamos, nunca te basta. Siempre habrá algo más que quieres. ¡Piensa en la sencillez de esos años que Felipe pasó con Jesús! ¡No necesitas nada más que intimidad con Cristo!

[9] —*¡Pero, Felipe! ¿Tanto tiempo llevo ya entre ustedes, y todavía no me conoces? El que me ha visto a mí ha visto al Padre. ¿Cómo puedes decirme: "Muéstranos al Padre"?* [10] *¿Acaso no crees que yo estoy en el Padre, y que el Padre está en mí? Las palabras que yo les comunico, no las hablo como cosa mía, sino que es el Padre, que está en mí, el que realiza sus obras.* [11] *Créanme cuando les digo que yo estoy en el Padre y que el Padre está en mí; o al menos créanme por las obras mismas.*

Más tarde, esa misma noche, en la oración registrada en Juan 17, Jesús diría que de la misma manera en que el Padre está en Jesús, Jesús está en nosotros y nosotros estamos en el Padre. Esa unión es la base del éxito en este camino cristiano.

Hay varias cosas importantes en estos versículos:

- Jesús habla de palabra y obra. Vemos esa combinación una y otra vez en su ministerio. Muchos hablan paja; nuestras palabras deben edificar y comunicar el corazón de Dios, pero palabra sin obra es mero hablar. Tenemos que demostrar el poder de Dios en nuestras buenas obras.

- Es bueno cuando alguien cree en la Palabra, pero hay algunos que tienen que ver para creer. Nuestras obras deben dar testimonio de quién es Dios.

- El verso 10 en DHH dice: *Las cosas que les digo, no las digo por mi propia cuenta*. Hay demasiados cristianos (incluso pastores) que hablan por su propia cuenta. Debemos seguir el ejemplo de Jesús y decir solo las palabras que Dios nos ha dado cuando hablamos en su nombre. Y si no nos da una palabra, mejor permanecer en silencio.

- Hay una creencia común de que no es posible ver a Dios (eso es lo que dicen Éxodo 33:20 y 1 Timoteo 6:15-17). Es parte del argumento de los musulmanes y otros de que Jesús no puede ser divino. Pero aquí Cristo dice que si le has visto a Él, has visto al Padre. Ya que Dios es espíritu, no es posible verlo físicamente, y no podemos soportar la plenitud de su gloria. Vemos a Dios en la plena revelación de quién es Dios a través de las palabras, obras y espíritu de Jesús, no en su carne.

- El mismo Padre que realizó sus obras en Jesús puede realizar sus obras en ti también, lo que nos conduce al siguiente punto.

No solo andarás como Jesús anduvo, sino que harás las obras que Él hizo

[12] Ciertamente les aseguro que el que cree en mí las obras que yo hago también él las hará, y aun las hará mayores, porque yo vuelvo al Padre.

Para dar énfasis, Jesús dice *"ciertamente"* y *"les aseguro"*. Casi toda promesa tiene una condición, pero la única condición aquí es creer en Jesús. Él *quiere* que hagamos sus obras. Debe ser nuestra experiencia normal, no algo inusual.

¿Cuáles son las obras que Jesús hizo? Son obvias: curaciones, liberaciones, resurrecciones, multiplicación de alimentos y andar sobre las aguas. He oído decir que "mayores" significa mayor en cantidad. Está claro que, con millones haciendo sus obras, serían mayores en cantidad, pero el sentido obvio es que también serían más impresionantes.

¿No quieres que tu hijo haga algo mayor con su vida que lo que hiciste tú? Dios no es tan celoso que dijera: "Nadie puede hacer algo mayor que lo que Jesús hizo en este mundo". No, el hijo (o el discípulo) debe hacer más que su maestro.

Es una promesa muy clara; ¿por qué no vemos más de sus obras? Parece que el problema está en nuestra fe; en verdad, no creemos en Jesús, ni tenemos la expectativa de que Él haga esas obras a través de nosotros. La realidad es que, a veces, en algunos lugares, hemos visto las obras de Jesús, e incluso mayores. Él no necesita a alguien muy especial, solo un vaso limpio y dispuesto para actuar con fe. El siguiente versículo nos ofrece otra explicación de la falta de mayores obras.

El poder de la oración

13 Cualquier cosa que ustedes pidan en mi nombre, yo la haré; así será glorificado el Padre en el Hijo. 14 Lo que pidan en mi nombre, yo lo haré.

Jesús repite la promesa para enfatizar su certeza y agrega las palabras *"cualquier cosa"* para hacer la promesa muy amplia. Algunas personas usan esta promesa para justificar pedidos y reclamaciones de casas grandes, carros nuevos y cosas materiales egoístas, pero la promesa se da en el contexto de hacer las obras que hizo Jesús. Hay una condición muy importante: pedir *"en mi nombre"*. Esto no significa terminar la petición con las palabras "en el nombre de Jesús" (aunque está bien terminar una oración así). Pedir en su nombre significa pedir conforme al corazón y la voluntad de Jesús, como si Cristo mismo estuviese aquí haciendo la obra.

Dios está tan dispuesto a responder a estas peticiones porque Él quiere glorificar a su Hijo. Así que la petición debe traer gloria a Jesús. Si el motivo de nuestra petición es glorificarnos a nosotros mismos o glorificar nuestro ministerio o iglesia, es probable que Dios no la conteste. Pero si trae mucha gloria a Jesucristo, los cielos están abiertos para derramar el poder de Dios.

La oración es el medio para liberar ese poder para hacer las obras de Jesús. Es tan importante que Jesús modela la oración en el capítulo 17 y vuelve a repetir esta promesa en Juan 16:

23 En aquel día ya no me preguntarán nada. Ciertamente les aseguro que mi Padre les dará todo lo que le pidan en mi nombre. 24 Hasta ahora no han pedido nada en mi nombre. Pidan y recibirán, para que su alegría sea completa.

De nuevo Jesús usa las palabras *"ciertamente les aseguro"* para enfatizar la certeza de esta promesa. Antes, ellos no tenían que orar a Jesús, porque Él estaba allí presente con ellos; por medio de la oración nosotros tenemos el mismo acceso a Jesús que disfrutaron esos discípulos.

¡Nuestra alegría es importante para Jesús! Él sabe que es una bendición recibir y también dar. Él se deleita en contestar nuestras peticiones y en ver nuestro gozo.

¿Cómo está tu alegría? ¿Está completa? ¿Cómo es tu experiencia en la oración? ¿Crees que pides de acuerdo con el corazón y la voluntad de Jesús? ¿Ves muchas respuestas? ¿Es tu deseo en la oración contestada ver a Jesús glorificado, o solo piensas en tu propio beneficio?

La importancia de la obediencia

Continuando en Juan 14:

[19] *Dentro de poco el mundo ya no me verá más, pero ustedes sí me verán. Y porque yo vivo, también ustedes vivirán.* [20] *En aquel día ustedes se darán cuenta de que yo estoy en mi Padre, y ustedes en mí, y yo en ustedes.*

El mundo no ve a Jesús ➡ El creyente, sí, lo ve

Cristo vive ➡ Nosotros vivimos

Cristo está en el Padre ➡ Nosotros estamos en Cristo, y Él está en nosotros

Entonces, ¡tenemos todas las bendiciones! Vemos a Jesús, vivimos, estamos en Él y Cristo está en nosotros. Parece que será cuando Jesús regrese al Padre cuando ellos se darán cuenta de esta relación tan íntima de unión con Cristo (posiblemente a través del Espíritu Santo que mora en ellos). Puede ser que Cristo esté hablando de sus apariciones después de la resurrección o de que lo vayan a ver espiritualmente.

Lo que cada uno produce es una relación íntima con Jesús, donde lo vemos, compartimos en su vida y nos unimos a Él. Debe resultar en amar a Cristo. ¿Cómo sabes si lo amas?

21 ¿Quién es el que me ama? El que hace suyos mis mandamientos y los obedece. Y al que me ama, mi Padre lo amará, y yo también lo amaré y me manifestaré a él».

Sabemos que Dios ya nos ama tanto que envió a Jesús a este mundo para salvarnos. Pero este versículo dice que experimentamos más del amor del Padre y del Hijo cuando manifestamos nuestro amor en la obediencia. Es fácil decir y cantar en la iglesia cuánto amo a Jesús, pero la prueba está en la vida cotidiana, en la tentación y en tomar esas decisiones difíciles de obedecer a su Palabra cuando no tenemos ganas. Y no es una obediencia obligatoria (por temor, solo para evitar un castigo); si amamos a Jesús, tenemos que hacer sus mandamientos nuestros. Nos deleitamos en ellos, como a menudo escribía el salmista acerca de la Ley de Dios. Para obedecerlos hay que conocerla. ¿Estudias la Biblia para conocer sus mandamientos? ¿Pones la Palabra en práctica? ¿Escuchas la voz del Espíritu y la obedeces?

Qué bueno que tenemos todas estas bendiciones dadas por Dios, pero es aquí donde nos examinamos para ver si andamos como Cristo anduvo. ¿Cómo está tu obediencia? Si no estás experimentando el amor de Dios, ¿puede ser que te falte?

22 Judas (no el Iscariote) le dijo: —¿Por qué, Señor, estás dispuesto a manifestarte a nosotros, y no al mundo?

Esa es una actitud diferente; a mucha gente solo le importa que *ellos* experimenten una manifestación de Dios. Judas está pensando en la misión que él ha entendido que tiene Jesús; le parece una contradicción que Jesús no se manifestara al mundo. Y, característicamente, Jesús no responde a su pregunta:

23 Le contestó Jesús: —El que me ama, obedecerá mi palabra, y mi Padre lo amará, y haremos nuestra morada en él. 24 El que no me ama, no obedece mis palabras. Pero estas palabras que ustedes oyen no son mías, sino del Padre, que me envió.

Parece que la respuesta de Jesús es: "Yo me manifestaré solo a aquellos que me aman y obedecen mi palabra." No lo dice, pero tal vez ahora es responsabilidad de los discípulos manifestar a Jesús al mundo, en sus palabras y en las mismas obras que Jesús hizo.

Si amas a alguien, quieres complacerlo, quieres hacer lo que sea importante para él. Obedecer a Jesús no es una carga, sino algo que queremos hacer y buscamos todas las oportunidades para hacerlo. Jesús da aún más peso a sus palabras; son de su cabeza, del Padre. No obedecer esa palabra deshonra no solo a Jesús, sino también al Padre.

La paz de Cristo

27 La paz les dejo; mi paz les doy. Yo no se la doy a ustedes como la da el mundo. No se angustien ni se acobarden.

La NTV dice: *Les dejo un regalo: paz en la mente y en el corazón. Y la paz que yo doy es un regalo que el mundo no puede dar. Así que no se angustien ni tengan miedo.*

La paz se puede dar. Cristo tiene paz sobrenatural para dejar con nosotros. El mundo también da paz, pero es una paz pasajera. Podemos sentir paz en un lugar tranquilo, en la naturaleza, en los brazos del cónyuge, con buena música o con éxito en algún proyecto. Pero esa paz depende de las circunstancias, y hay muchas cosas que nos roban esa paz. La paz de Cristo es una paz profunda que perdura a pesar de las circunstancias. Esa paz guarda nuestros corazones de la angustia y nos da valentía para enfrentar los problemas de esta vida. Ese perfecto amor y paz echan fuera todo el temor de nuestros corazones.

Aquí Jesús vuelve a lo que dijo al principio (v. 1). No sabemos exactamente cómo compartió Jesús este discurso, pero parece que está llegando al final de esta parte.

"Ya no hablaré más con ustedes, porque viene el príncipe de este mundo"

28 »Ya me han oído decirles: "Me voy, pero vuelvo a ustedes". Si me amaran, se alegrarían de que voy al Padre, porque el Padre es más grande que yo. 29 Y les he dicho esto ahora, antes de que suceda, para que cuando suceda, crean. 30 Ya no hablaré más con ustedes, porque viene el príncipe de este mundo. Él no tiene ningún dominio sobre mí, 31 pero el mundo tiene que saber que amo al Padre, y que hago exactamente lo que él me ha ordenado que haga.

Se acerca la hora de tribulación. Posiblemente Jesús ya puede ver la ansiedad en los rostros de sus discípulos. No les gusta la idea de despedir a Jesús. Egoístamente, queremos que Jesús siempre esté con nosotros. Como la separación de un ser amado, ya sea que se mude a otro lugar o en la muerte, nos duele. Pero si amamos a esa persona, nos alegramos, sabiendo que el creyente va a la presencia de Dios cuando muere, y que ese trabajo nuevo o ese matrimonio va a resultar en mucha bendición para la persona. Por lo tanto, Jesús espera que ellos puedan alegrarse con él, sabiendo que regresa a casa, regresa a su Padre.

Hay orden en la divinidad. Las tres personas son Dios, pero Jesús dice claramente aquí que el Padre es más grande que Él. Jesús se somete a su autoridad, y el Espíritu Santo actúa de acuerdo con la voluntad del Padre e Hijo. Jesús se sometió voluntariamente al diablo, aunque no tiene dominio sobre Jesús. Cristo le llama *"el príncipe de este mundo"* porque Dios le ha dado autoridad en esta tierra. Para socavar esa autoridad, Jesús obedecerá a su Padre y morirá como sacrificio en la cruz para inaugurar un reino nuevo y recuperar lo que el diablo robó.

Jesús ha compartido lo que sucederá con la esperanza de que recordarán cuando ocurra, y su fe se fortalecerá. Que tengamos ese corazón de Jesús para hacer exactamente lo que Dios nos manda hacer. Es un testimonio al mundo de nuestro amor por Dios, negándonos para agradecer a Dios.

»¡Levántense, vámonos de aquí!

No es fácil dejar la rica comunión del aposento alto, el compañerismo con hermanos amados y la dulce presencia de Jesús. Pero tarde o temprano, tenemos que bajar del monte y entrar en el campo de batalla. Jesús sabe lo que le espera y ha tratado de preparar a sus discípulos. Lamentablemente, todavía van a caer en el desánimo, la angustia y la incredulidad.

21

Andar como Jesús no es fácil
Juan 15 y 16

Hemos visto en este libro cómo el ADN del reino va completamente contra la corriente de este mundo. No es sorprendente, entonces, que el creyente que fielmente pone en práctica estas enseñanzas sea malinterpretado y perseguido. Queremos iglesias grandes y el elogio de la gente que nos rodea. En países con raíces católicas, los evangélicos de ayer estaban muy acostumbrados a la persecución. Ahora, en gran medida, eso ha cambiado, y en algunos casos es popular ser cristiano evangélico. En los países con raíces en el evangelio, los creyentes están sorprendidos por los muchos que se oponen a la enseñanza bíblica. Estamos muy listos para quejarnos por la "persecución", pero Jesús dijo claramente que vamos a sufrir en este mundo. Esa noche, en el Aposento Alto, Jesús preparó a sus discípulos para esa oposición.

El mundo nos aborrece (Juan 15)

18 »Si el mundo los aborrece, tengan presente que antes que a ustedes, me aborreció a mí.

¿No es cierto que las multitudes siguieron a Jesucristo y le celebraron como un rey en la entrada triunfal el Domingo de Ramos? Sí, pero muchos de esa multitud gritaron "¡Crucifícalo!" esa misma semana, y Jesús se quedó con solo 120 después de su resurrección. Por supuesto, países enteros se han visto afectados por los avivamientos, y los líderes de varios países han sido discípulos de Jesús. Pero el sistema de este mundo está completamente en contra de los valores del reino de Dios y odia a Cristo y a sus seguidores.

19 Si fueran del mundo, el mundo los amaría como a los suyos. Pero ustedes no son del mundo, sino que yo los he escogido de entre el mundo. Por eso el mundo los aborrece.

¡Es tan fácil para nosotros olvidar que no somos del mundo! ¡Jesús nos sacó del mundo! Al que busca la aprobación del mundo le resultará difícil obedecer a Jesús. Muchos cristianos de hoy quieren ambas cosas: aprovechar los beneficios del mundo y recibir la bendición de Dios. Pero es imposible; tienen un ADN completamente diferente. El mundo habla de tolerancia, pero en realidad no hay mucha tolerancia por parte del mundo para gente con el ADN del reino. El mundo ama a los suyos, pero nos aborrece a nosotros.

20 Recuerden lo que les dije: "Ningún siervo es más que su amo". Si a mí me han perseguido, también a ustedes los perseguirán. Si han obedecido mis enseñanzas, también obedecerán las de ustedes. 21 Los tratarán así por causa de mi nombre, porque no conocen al que me envió.

Si persiguen a Jesús, también te perseguirán a ti (su discípulo). ¿Realmente creemos que podemos escapar de la persecución que experimentó Jesús? De tal palo tal astilla. Como amo como siervo. Como Cristo, como su discípulo. No es sorprendente que te rechacen, porque no conocen a Dios. No lo tomes como algo personal; hay algo en Jesucristo que la persona en el reino de las tinieblas, con el ADN del mundo, odia. La persona que tiene un corazón abierto para recibir y obedecer las enseñanzas de Jesús, también recibirá y obedecerá las nuestras. El signo del discípulo de Jesús, de la cultura del reino, es la obediencia.

No tienen excusa para su pecado

[22] *Si yo no hubiera venido ni les hubiera hablado, no serían culpables de pecado. Pero ahora no tienen excusa por su pecado.* [23] *El que me aborrece a mí también aborrece a mi Padre.* [24] *Si yo no hubiera hecho entre ellos las obras que ningún otro antes ha realizado, no serían culpables de pecado. Pero ahora las han visto, y sin embargo a mí y a mi Padre nos han aborrecido.*

El propósito de Jesús aquí no es dar una teología del fin de aquellos que nunca han escuchado el evangelio, sino establecer las condiciones en las que alguien no es culpable de pecado.

- Si Él no hubiera venido.
- Si Él no les hubiera hablado.
- Si Él no hubiera hecho obras que ningún otro ha realizado.

Una persona es responsable de lo que ha visto y oído. Puede ser que la persona que nunca ha escuchado nada acerca de Dios y su Hijo unigénito sea juzgada por otra norma (ver Romanos 2:12-16). La condena es para la persona que ha visto y escuchado el mensaje y lo rechaza. De hecho, él aborrece a Jesús, y quien aborrece a Jesús también aborrece a su Padre (no es posible creer solo en Dios y rechazar a Jesús).

¿Por qué aborrecer a Jesús, alguien lleno de tanto amor y sabiduría, que solo hizo lo bueno para sanar, liberar, salvar y bendecir a la gente? Debido a que han endurecido los corazones, están cegados por el diablo y aman su pecado y las cosas del mundo. Estamos en una guerra espiritual, y Satanás es el padre de la mentira y el engañador.

[25] Pero esto sucede para que se cumpla lo que está escrito en la ley de ellos: "Me odiaron sin motivo".

Si te parece que alguien te odia sin motivo, cobra ánimo: así es nuestra raza caída. No había ningún motivo para el odio hacia Jesús en ese entonces ni en el mundo de hoy, y tampoco hay motivo para el odio de muchos hacia su discípulo. Pero es nuestra responsabilidad asegurar que no haya un motivo legítimo para el odio del mundo (por ejemplo, la hipocresía). Pedro le escribió a cristianos que estaban sufriendo mucho (1 Pedro 4:12-19):

Queridos hermanos, no se extrañen del fuego de la prueba que están soportando, como si fuera algo insólito. Al contrario, alégrense de tener parte en los sufrimientos de Cristo, para que también sea inmensa su alegría cuando se revele la gloria de Cristo. Dichosos ustedes si los insultan por causa del nombre de Cristo, porque el glorioso Espíritu de Dios reposa sobre ustedes. Que ninguno tenga que sufrir por asesino, ladrón o delincuente, ni siquiera por entrometido. Pero, si alguien sufre por ser cristiano, que no se avergüence, sino que alabe a Dios por llevar el nombre de Cristo. Porque es tiempo de que el juicio comience por la familia de Dios; y, si comienza por nosotros, ¡cuál no será el fin de los que se rebelan contra el evangelio de Dios!

«Si el justo a duras penas se salva,
    ¿qué será del impío y del pecador?»

Así pues, los que sufren según la voluntad de Dios, entréguense a su fiel creador y sigan practicando el bien.

Para que no flaquee tu fe (Juan 16)

[1]*»Todo esto les he dicho para que no flaquee su fe.*

Es mejor saber de antemano lo que nos puede suceder. Ante el odio y la persecución, la fe podría flaquear. Otras traducciones dicen: *para que no abandonen su fe* (NTV) y *para que no tengáis tropiezo* (RVR).

¿Hay cosas inesperadas pasando en tu vida? ¿Cosas que sirven de tropiezo? ¿Has pensado en abandonar tu fe? Estamos en los días postreros, y la persecución va a empeorar hasta que sea casi imposible de soportar. Jesús dijo: *Si no se acortaran esos días, nadie sobreviviría, pero por causa de los elegidos se acortarán* (Mateo 24:22).

[2]*Los expulsarán de las sinagogas; y hasta viene el día en que cualquiera que los mate pensará que le está prestando un servicio a Dios.* [3]*Actuarán de este modo porque no nos han conocido ni al Padre ni a mí.* [4]*Y les digo esto para que cuando llegue ese día se acuerden de que ya se lo había advertido. Sin embargo, no les dije esto al principio porque yo estaba con ustedes.*

Y si alguien supiera desde el principio lo difícil que sería andar con Jesús, ¿quién lo seguiría? Qué fácil es olvidar, en medio de la aflicción, que Jesús ya nos advirtió. Esta es gente religiosa, en este caso judíos celosos, pero hoy puede ser alguien que confiesa ser cristiano y cree que está sirviendo a Dios; a ese extremo el diablo puede engañar a alguien. Hay que estar preparado:

Entonces los entregarán a ustedes para que los persigan y los maten, y los odiarán todas las naciones por causa de mi nombre. En aquel tiempo muchos se apartarán de la fe; unos a otros se traicionarán y se odiarán; y surgirá un gran número de falsos profetas que engañarán a muchos. Habrá tanta maldad que el amor de muchos se enfriará, pero el que se mantenga firme hasta el fin será salvo (Mateo 24:9-13).

Hay muchos falsos profetas en el mundo de hoy. ¿Estás bajo la cobertura de un pastor (sometido a su autoridad espiritual que Dios le ha dado) o de alguien que tiene el discernimiento para identificarlos? ¿Cómo está tu amor? No dejes que se enfríe.

Gozo en medio de la tribulación

[19] Jesús se dio cuenta de que querían hacerle preguntas acerca de esto, así que les dijo:

—¿Se están preguntando qué quise decir cuando dije: "Dentro de poco ya no me verán", y "un poco después volverán a verme"? [20] Ciertamente les aseguro que ustedes llorarán de dolor, mientras que el mundo se alegrará. Se pondrán tristes, pero su tristeza se convertirá en alegría.

Es de sentido común: si odiaran a Jesús, estarían felices de ver a Cristo crucificado. A veces habrá tristeza y dolor, el llanto puede durar por la noche, pero la alegría llega por la mañana. Cuando veas a Cristo, cuando Él regrese, tu dolor se convertirá en gozo. Hay cosas en este mundo que nos entristecen, pero en Jesús esa tristeza se convierte en alegría.

[21] La mujer que está por dar a luz siente dolores porque ha llegado su momento, pero en cuanto nace la criatura se olvida de su angustia por la alegría de haber traído al mundo un nuevo ser. [22] Lo mismo les pasa a ustedes: Ahora están tristes, pero

cuando vuelva a verlos se alegrarán, y nadie les va a quitar esa alegría.

Puede ser que tú estés embarazado ahora: haya angustia en este momento; con dificultad quieres crecer en el evangelio y dar a luz una obra para el Señor. Qué bueno saber que algún día estaremos con el Señor para siempre; hay gozo en su presencia, y nadie puede quitar esa alegría.

32 Miren que la hora viene, y ya está aquí, en que ustedes serán dispersados, y cada uno se irá a su propia casa y a mí me dejarán solo. Sin embargo, solo no estoy, porque el Padre está conmigo.

¡Qué rápido olvidamos a nuestro Salvador y lo dejamos! Esta profecía se cumpliría en pocas horas. Es difícil perseverar con Cristo cuando eso puede costarte la vida y tu Señor está crucificado. Jesús conoce de antemano nuestras debilidades y la tendencia a huir de las dificultades, pero a pesar de la infidelidad de estos discípulos (y la nuestra a veces), Él permanece fiel.

Cristo ha vencido al mundo

33 Yo les he dicho estas cosas para que en mí hallen paz. En este mundo afrontarán aflicciones, pero ¡anímense! Yo he vencido al mundo.

Ya está claro que tenemos un ADN muy diferente del mundo y, por desgracia, muy diferente de lo que se enseña en muchas iglesias. La vida cristiana no está libre de aflicciones; de hecho, es cierto que enfrentaremos aflicciones en el mundo. Pero Cristo nos dejó estas palabras importantes:

- En Él hallamos paz en medio de la tormenta, especialmente cuando reflexionamos sobre sus palabras y las escrituras. Tu paz no viene de las circunstancias ni de algo material. Es una paz más profunda, una paz que proviene de la presencia de Jesús en ti.

- ¿Te enfrentas ahora a las aflicciones? No estás mal y probablemente no estés en pecado. La triste realidad es que vamos a enfrentarlas en este mundo.

- Cristo quiere darte ánimo. Él está contigo y sabe lo que está pasando. No estás solo.

- Él ha vencido al mundo y comparte esa victoria contigo. ¡En Cristo somos más que vencedores!

22

El Consolador
Juan 14-16

Jesús quiere preparar a sus discípulos para una transición importante: de su presencia física a la presencia del Espíritu Santo. Hay muchas enseñanzas sobre el Espíritu en el libro de Hechos (que vamos a estudiar en el cuarto volumen de esta serie) y en las epístolas, pero esto es lo que Jesús compartió durante su vida terrenal, principalmente en el mismo aposento alto. Sorprendentemente, una revisión de los evangelios revela que hay poco registrado de Jesús hablando acerca del Espíritu.

El Consolador dado a los que obedecen a Jesús (Juan 14)

15 »Si ustedes me aman, obedecerán mis mandamientos. 16 Y yo le pediré al Padre, y él les dará otro Consolador para que los acompañe siempre: 17 el Espíritu de verdad, a quien el mundo no puede aceptar porque no lo ve ni lo conoce. Pero ustedes sí lo conocen, porque vive con ustedes y estará en ustedes. 18 No los voy a dejar huérfanos; volveré a ustedes.

Jesús ha hablado de nosotros haciendo sus obras (y mayores) y de su disposición para contestar nuestras oraciones. Ahora comienza a hablar de otra dimensión de nuestra relación con Él.

171

No dice "me aman", sino "*si* me aman". Para Jesús, la única señal segura de ese amor es nuestra obediencia a sus mandamientos. Caminamos con Jesús y recibimos su amor, con corazones llenos de amor y gratitud por todo lo que Él ha hecho por nosotros. Ese amor nos motiva a escuchar su voz y estudiar sus palabras escritas, con muchas ganas de obedecer y poner en práctica todo lo que Él ha dicho. Cuanto más ames a Jesús y le obedezcas, más experimentarás del Espíritu.

Cuando Cristo confía en nuestro amor y obediencia, Él le pide al Padre un regalo especial. Hechos 5:32 confirma la parte importante de nuestra obediencia para recibir ese regalo: *Nosotros somos testigos de estos acontecimientos, y también lo es el Espíritu Santo que Dios ha dado **a quienes le obedecen**.* Cuando Cristo le pide algo a su Padre, no hay ninguna duda de que Él le responderá. El Espíritu es un don que puedes recibir cuando recibes a Jesús, o puede darse después de caminar con Cristo durante un tiempo. El pecado, la desobediencia y la rebelión apagan el Espíritu. El designio del Señor es que nunca nos dejará, que siempre nos acompañará, pero como el rey Saúl (1 Samuel 16:14), es posible que el Espíritu pueda alejarse de alguien.

Hay una conexión íntima entre Cristo y el Espíritu. Aquí, Cristo dice que no nos dejará huérfanos, sino que volverá a nosotros, hablando de la venida del Espíritu. El Espíritu es una persona que podemos conocer; vive con nosotros y está en nosotros. El Espíritu es un misterio para el inconverso porque no puede verlo. Como él no conoce a Cristo, tampoco puede conocer al Espíritu. Para nosotros, es el Espíritu de verdad, que nos guía a conocer toda la verdad.

Consolador y Maestro

²⁵»*Todo esto lo digo ahora que estoy con ustedes.*²⁶*Pero el Consolador, el Espíritu Santo, a quien el Padre enviará en mi nombre, les enseñará todas las cosas y les hará recordar todo lo que les he dicho.*

El Espíritu tiene varias funciones, entre ellas el Consolador que está a nuestro lado (y dentro de nosotros) para ayudarnos (*paracletos* en griego). En el versículo 16, Jesús dijo que Él es *otro* Consolador; Jesús es uno, y el Espíritu tiene un ministerio similar. También es un Maestro, que nos enseña muchas cosas más allá de lo que Cristo podría enseñarnos en sus tres años aquí (aunque esas palabras de Jesús tienen una importancia especial); el Espíritu también nos recuerda todo lo que Jesús nos ha dicho.

¿Has experimentado el consuelo del Consolador? ¿Cómo? ¿Hay algo que Él te haya enseñado últimamente? ¿Buscas su enseñanza y tienes tiempo libre del celular y otras distracciones para escuchar su voz?

Testigos (Juan 15)

²⁶»*Cuando venga el Consolador, que yo les enviaré de parte del Padre, el Espíritu de verdad que procede del Padre, él testificará acerca de mí.* ²⁷*Y también ustedes darán testimonio porque han estado conmigo desde el principio.*

Uno de los ministerios principales del Espíritu es testificar acerca de Jesús. Podemos orar para que el Espíritu obre en el corazón de un incrédulo, y para que dé testimonio a la gente, tal vez en países donde no se permite la evangelización. Suena muy espiritual decir que dejamos la obra de testificar al Espíritu Santo, pero Jesús dice que también debemos dar testimonio (no dice "pueden dar testimonio", sino "darán testimonio"). Nosotros evangelizamos junto con el Espíritu.

El Espíritu también nos ayuda a testificar frente al tribunal: *Pero, cuando los arresten, no se preocupen por lo que van a decir o cómo van a decirlo. En ese momento se les dará lo que han de decir, porque no serán ustedes los que hablen, sino que el Espíritu de su Padre hablará por medio de ustedes* (Mateo 10:19-20).

¿Experimentaste el testimonio del Espíritu antes de aceptar a Cristo? ¿Has visto la obra del Espíritu en las vidas de personas no convertidas? ¿Cómo va tu testimonio acerca de Jesús? Cuando testifiques, sentirás más la presencia del Espíritu. Es una de las mayores bendiciones de ser cristiano: ver al Espíritu trabajar en la vida de un inconverso.

Mejor que Cristo se vaya (Juan 16)

[5] *»Ahora vuelvo al que me envió, pero ninguno de ustedes me pregunta: "¿A dónde vas?"* [6] *Al contrario, como les he dicho estas cosas, se han entristecido mucho.* [7] *Pero les digo la verdad: Les conviene que me vaya porque, si no lo hago, el Consolador no vendrá a ustedes; en cambio, si me voy, se lo enviaré a ustedes.*

En 14:6, Tomás le preguntó cuál era el camino a donde iría Jesús, pero la verdad es que los discípulos no siempre parecían muy inteligentes, y estaban más interesados en el impacto en sus vidas personales que en lo que va a pasar con Cristo. En lugar de estar alegres porque Jesús puede volver a la gloria del cielo (14:28), se entristecieron.

¡Qué hermoso sería todavía tener a Cristo aquí en la tierra, conversar con Él y participar en su ministerio! Pero Jesús dice que nosotros tenemos algo mejor: ¡el Espíritu que mora en nosotros, siempre con nosotros: consejero, consolador, maestro y fuente de poder espiritual las 24 horas del día, los 7 días de la semana! Mientras Cristo estuvo aquí en la tierra, Él no pudo enviar el Espíritu en toda su plenitud.

El Espíritu convence al mundo

8 Y, cuando él venga, convencerá al mundo de su error en cuanto al pecado, a la justicia y al juicio; 9 en cuanto al pecado, porque no creen en mí; 10 en cuanto a la justicia, porque voy al Padre y ustedes ya no podrán verme; 11 y en cuanto al juicio, porque el príncipe de este mundo ya ha sido juzgado.

Nunca dice en la Biblia que sea nuestro deber convencer a otros de sus pecados y de la necesidad de un Salvador. Esa es la obra del Espíritu, en tres niveles:

1.   En cuanto al pecado, porque no creen en Jesús (sí, eso es un pecado).
2.   Respecto a la justicia, porque Cristo fue al Padre y ya no podemos verlo.
3.   Sobre el juicio, porque Satanás ya ha sido juzgado.

12 »Muchas cosas me quedan aún por decirles, que por ahora no podrían soportar. 13 Pero, cuando venga el Espíritu de la verdad, él los guiará a toda la verdad, porque no hablará por su propia cuenta, sino que dirá solo lo que oiga y les anunciará las cosas por venir. 14 Él me glorificará porque tomará de lo mío y se lo dará a conocer a ustedes.15 Todo cuanto tiene el Padre es mío. Por eso les dije que el Espíritu tomará de lo mío y se lo dará a conocer a ustedes.

Como Jesús, el Espíritu no habla por su propia cuenta, sino que nos guía a toda la verdad. Va a compartir con nosotros las muchas cosas que Jesús no tuvo la oportunidad de compartir.

Hay momentos en que Dios sabe que no podemos soportar algo y espera hasta que estemos listos. Así, nosotros también debemos tener esa sensibilidad para saber si algo es demasiado para alguien. A veces decimos demasiado. Una vez más, Jesús dice que el Espíritu nos guía a toda la verdad, y agrega otra dimensión a esa revelación: anunciará las cosas por venir.

También tenemos otras dos facetas de su ministerio:

- Tomar lo que es de Jesús y darlo a conocer a nosotros. Hay un intercambio entre las tres personas de la Trinidad (al decir eso, Jesús afirma su realidad): Todo lo que el Padre tiene es de Jesús, el Espíritu lo toma libremente y nos lo da.

- En ese proceso de tomar lo que Cristo tiene y dárnoslo, el Espíritu glorifica a Cristo. Su deseo es siempre glorificar al Padre y al Hijo.

Ríos de agua viva (Juan 7)

37 En el último día, el más solemne de la fiesta, Jesús se puso de pie y exclamó: —¡Si alguno tiene sed, que venga a mí y beba! 38 De aquel que cree en mí, como dice la Escritura, brotarán ríos de agua viva.

39 Con esto se refería al Espíritu que habrían de recibir más tarde los que creyeran en él. Hasta ese momento el Espíritu no había sido dado, porque Jesús no había sido glorificado todavía.

"Más tarde" puede ser que eso sea la razón por la cual Jesús no habló mucho sobre el Espíritu durante su ministerio; solo sería dado después de que Jesús fuese glorificado.

¿Quién recibe el Espíritu? *"Aquel que cree en mí";* los que creen en Él. ¿Crees en Jesús? Entonces, el don del Espíritu es para ti. Qué interesante que los discípulos hicieron todos esos milagros sin la presencia del Espíritu Santo en sus vidas, solo con el poder del nombre de Jesús.

Jesús describe al Espíritu como ríos de agua viva brotando de nuestro interior. ¿Has sentido esos ríos? Muchos están contentos con unas gotas, o incluso con un aguacero de vez en cuando. Algunos se sumergen en esas aguas en un culto muy ungido; pueden sentir la presencia del Espíritu en la iglesia o en las alabanzas. Pero Jesús habla de ríos; algo poderoso fluyendo desde tu interior para traer vida, refrigerio y la presencia de Dios a tu familia, tu trabajo y tu comunidad. ¡Oremos por un diluvio de esas aguas vivas!

Sopla en mi (Juan 20)

²¹ *—¡La paz sea con ustedes! —repitió Jesús—. Como el Padre me envió a mí, así yo los envío a ustedes.*

²² *Acto seguido, sopló sobre ellos y les dijo: —Reciban el Espíritu Santo.* ²³ *A quienes les perdonen sus pecados, les serán perdonados; a quienes no se los perdonen, no les serán perdonados.*

Ahora Jesús ha resucitado y puede dar el Espíritu Santo a sus discípulos.

Hay tres cosas importantes que acompañan el soplo del Espíritu:

- La paz de Jesucristo nos llena.

- No es solo para gozarnos de esa presencia, sino también para entrar en el mundo con el poder de Dios. De la misma manera que el Padre envió a Jesús al mundo, Jesús nos envía a nosotros al mundo.

- Actuando en su nombre, tenemos la autoridad para perdonar pecados o no. Esto ha creado confusión, porque sabemos que solo Dios puede perdonar los pecados. La respuesta sencilla es que Cristo nos envía al mundo con el poder del Espíritu para proclamar el perdón de pecados a través de la fe en el sacrificio de Jesús en la cruz. Podemos asegurar a aquellos que aceptan esa salvación que son perdonados; nunca queremos dar la impresión a alguien de que es perdonado a menos que haya aceptado a Jesús. Los que rechazan el mensaje de salvación no son perdonados.

Cristo sopló sobre ellos para recibir el Espíritu, pero aún no fueron bautizados en el Espíritu hasta el día de Pentecostés. De hecho, en el próximo pasaje (Hechos 1), Jesús dice que dentro de unos días serán bautizados, y *"cuando venga el Espíritu"* sobre ellos, recibirán poder. Entonces, es posible recibir un toque del Espíritu, la promesa del Espíritu, sin la plenitud del bautismo del Espíritu. Es hermoso tener a Jesús soplando sobre nosotros, pero ¿no quieres el bautismo?

Poder para testificar (Hechos 1)

Aquí estamos en el monte con las últimas palabras de Jesús antes de su ascensión.

⁴ Una vez, mientras comía con ellos, les ordenó: —No se alejen de Jerusalén, sino esperen la promesa del Padre, de la cual les he hablado: ⁵ Juan bautizó con agua, pero dentro de pocos días ustedes serán bautizados con el Espíritu Santo.

⁶ Entonces los que estaban reunidos con él le preguntaron: — Señor, ¿es ahora cuando vas a restablecer el reino a Israel?

⁷ —No les toca a ustedes conocer la hora ni el momento determinados por la autoridad misma del Padre —les contestó Jesús—. ⁸ Pero, cuando venga el Espíritu Santo sobre ustedes, recibirán poder y serán mis testigos tanto en Jerusalén como en toda Judea y Samaria, y hasta los confines de la tierra.

Los discípulos aún no tenían ningún concepto de cómo sería este bautismo. Todavía están pensando en un reino terrenal, pero Jesús tiene algo mucho más allá de esta tierra, algo que Él compara con el bautismo de Juan. Sería una obra soberana de Dios; dice: *"Serán bautizados"*. Es la voluntad de Dios para ellos y para ti también. Es la promesa de Dios para nosotros, y es importante recibir ese poder para servir a Dios.

Muchos todavía quieren establecer un reino "cristiano" aquí en la tierra, y se preocupan mucho por los detalles de la segunda venida de Cristo, pero es mejor dejar esas cosas en las manos del Padre. Lo importante es el poder de Dios para testificar acerca de Jesús. Son los dos resultados que Cristo menciona aquí:

- Recibiremos poder para testificar, predicar y hacer las obras de Jesús; el poder sobrenatural de Dios fluirá a través de nosotros.

- Seremos testigos de Jesucristo, predicando las buenas nuevas a todo el mundo. Tenemos que ocuparnos no solo de nuestra congregación local, sino también de dedicarnos a extender su reino hasta los confines de esta tierra. Puede ser ir físicamente, orar o apoyar con nuestras finanzas la obra misionera de la iglesia.

¿Cómo es tu experiencia con el Espíritu?

La Biblia dice mucho más acerca del Espíritu, pero esta es la enseñanza de Jesús. Cristo le pide al Padre que te dé el Espíritu, pero tú también puedes pedirle. Jesús dijo en Lucas 11:13: *Pues, si ustedes, aun siendo malos, saben dar cosas buenas a sus hijos, ¡cuánto más el Padre celestial dará el Espíritu Santo a quienes se lo pidan!*

¡Dios quiere darte su Espíritu! ¡Pídele!

23

¿Vas a entrar en el reino?

Mateo 25

Cuando nos mudamos a Costa Rica, pensé que tenía todo en orden para mi perro, un American Staffordshire.

Fui al veterinario y conseguí todos los documentos requeridos. Pero en el aeropuerto de San José, con todo el equipaje, el perro y nosotros cansados después de un largo día de viaje, me dijeron que no podía entrar; el documento no tenía el sello de las autoridades de Nueva York. Empezamos a orar, y Dios hizo un milagro: permitieron que el perro entrara, con la promesa de que la próxima vez lo tendría todo en orden.

Una cosa es pasar por esa situación con mi perro. Yo podría conseguir los documentos necesarios, volver a los Estados Unidos o ir a otro país. Es una molestia, pero no perdería a mi perro. Es mucho más grave tener una sorpresa cuando me presente ante el gran trono de Dios o vea a mi esposa, a mi madre o a mi hijo en ese juicio. No puedo corregir mis errores y volver otro día. Entrar en la gloria del cielo o ser enviado al fuego eterno del infierno son las únicas alternativas. ¿Es posible tener una certeza firme de que vas a entrar? Sí, pero la Biblia también dice varias cosas que me hacen pensar que habrá algunas sorpresas en ese día. ¿Qué significa exactamente ser salvo? En este libro hemos examinado el ADN del reino, pero ¿qué tengo que hacer para entrar en él?

Otro "Sermón del Monte"

Un día durante Semana Santa (probablemente el miércoles), justo antes de su crucifixión, Jesús estaba en el templo con sus discípulos (podrían ser más, pero creo que son los Doce). Estaban muy impresionados con los edificios del templo:

Jesús salió del templo y, mientras caminaba, se le acercaron sus discípulos y le mostraron los edificios del templo.

Pero él les dijo: —¿Ven todo esto? Les aseguro que no quedará piedra sobre piedra, pues todo será derribado.

Más tarde estaba Jesús sentado en el monte de los Olivos, cuando llegaron los discípulos y le preguntaron en privado: —¿Cuándo sucederá eso, y cuál será la señal de tu venida y del fin del mundo? (Mateo 24:1-3)

Aparte del discurso en el aposento alto (Juan 14-16), este es el último discurso de Jesús registrado. Él termina el capítulo 24 con estas palabras:

[42] *»Por lo tanto, manténganse despiertos, porque no saben qué día vendrá su Señor.* [43] *Pero entiendan esto: Si un dueño de casa supiera a qué hora de la noche va a llegar el ladrón, se mantendría despierto para no dejarlo forzar la entrada.* [44] *Por eso*

también ustedes deben estar preparados, porque el Hijo del hombre vendrá cuando menos lo esperen.

[45] *»¿Quién es el siervo fiel y prudente a quien su señor ha dejado encargado de los sirvientes para darles la comida a su debido tiempo?* [46] *Dichoso el siervo cuando su señor, al regresar, lo encuentra cumpliendo con su deber.* [47] *Les aseguro que lo pondrá a cargo de todos sus bienes.* [48] *Pero ¿qué tal si ese siervo malo se pone a pensar: "Mi señor se está demorando",* [49] *y luego comienza a golpear a sus compañeros, y a comer y beber con los borrachos?* [50] *El día en que el siervo menos lo espere y a la hora menos pensada, el señor volverá.* [51] *Lo castigará severamente y le impondrá la condena que reciben los hipócritas. Y habrá llanto y rechinar de dientes.*

Para que no haya sorpresas ese día, Jesús sigue en el capítulo 25 con tres escenarios que describen el reino de los cielos y nos preparan para el gran juicio. Cuando la Biblia dice algo tres veces, es muy importante (como "Santo, santo, santo"); hay un mensaje con consecuencias eternas aquí.

La parábola de las diez vírgenes

[1] *El reino de los cielos será entonces como diez jóvenes solteras que tomaron sus lámparas y salieron a recibir al novio.*

Estas son parábolas; el reino es *semejante* a estas historias, pero estas cosas exactas no sucederán. Hay mucha enseñanza en los evangelios sobre el reino. Jesús dijo que está dentro de nosotros (Lucas 17:21), que ya está aquí en la tierra. El reino está presente dondequiera que Cristo reina: en mi vida, en mi hogar o en mi iglesia. Queremos extender el reino y los valores del reino en todo el mundo. Nunca vamos a experimentar la plenitud del reino hasta que Cristo venga; entonces toda rodilla se doblará y toda lengua confesará que Cristo es Señor. Él va a reinar, y nosotros reinaremos con Él. Pero primero tenemos que entrar.

Está claro que el novio es Jesús. Sabemos que nosotros, la iglesia, somos la novia, pero la novia nunca se ve aquí. Para esta parábola, somos las vírgenes, que permiten a Cristo aclarar su punto. Probablemente sean las damas de honor quienes atenderán a la novia. Están allí para la boda (una celebración muy importante para los judíos, que duró una semana), y todas esperan la noticia de la llegada del novio. Todas esperan entrar; no es como si él fuera a escoger una y rechazar las demás. Todos nosotros tenemos la oportunidad de ser parte de esta gran boda; no hay competencia entre nosotros.

Son vírgenes, quienes se han salvado para el novio. Cuando pensamos en la venida de Jesucristo, todos salimos con la expectativa de entrar en su presencia. Tenemos nuestras lámparas. Somos puros e inocentes. Cuando Jesús caminó en esta tierra, llamó a prostitutas, perdonó a una adúltera y recibió a todos. Pero en esta parábola, todos somos vírgenes (¡y todas mujeres!). Dejamos a cualquier otra y todas las cosas del mundo para estar con Él.

¿Eres insensato o prudente?

Todo se ve bien, pero luego Jesús dice:

² Cinco de ellas eran insensatas y cinco prudentes.

Otras traducciones dicen necias, despreocupadas y descuidadas, o previsoras, responsables y sabias. Todos creemos que somos prudentes, pero en seguida Cristo dice que la mitad son insensatas. ¿Por qué?

³ Las insensatas llevaron sus lámparas, pero no se abastecieron de aceite. ⁴ En cambio, las prudentes llevaron vasijas de aceite junto con sus lámparas.

Esta es la única diferencia: las insensatas no tomaron aceite extra con ellas. Las lámparas ya tenían aceite, y normalmente, según su experiencia, sería suficiente. Pero no estaban pensando muy bien ni planeando para todas las posibilidades.

Tal vez no prestaron atención a la voz suave del Espíritu que les advirtió sobre la posibilidad de falta de aceite. Estoy seguro de que tú lo has experimentado: te vas de la casa en la mañana y una voz te dice que debes traer una sombrilla, pero piensas: "Está despejado, no va a llover". Ignoras esa voz suave del Espíritu y esa tarde llueve, te mojas y enfermas.

O posiblemente una de las vírgenes prudentes advirtió a la insensata: "Debes tomar más aceite", y ella respondió: "Siempre te preocupas por muchas cosas. Yo confío en Dios". Y no le hizo caso.

Aceite y luz

El aceite es un símbolo del Espíritu Santo. Ya tenían aceite en las lámparas, pero no tuvieron "una plenitud" del aceite. Puedes recibir un toque del Espíritu en un culto para llenar tu lámpara, pero cuando ese fuego se apaga en las tinieblas que te rodean o cuando el aceite se agota el martes, ya no tienes esa llenura del Espíritu. Dios quiere enseñarte a andar siempre en la plenitud del Espíritu, con las vasijas llenas y listas para cualquier situación.

También somos la luz del mundo. Posiblemente, a propósito, Jesús escogió las lámparas para recordarnos que siempre tenemos que estar preparados para hacer brillar la luz en la oscuridad de este mundo.

Llega el novio

⁵ Y, como el novio tardaba en llegar, a todas les dio sueño y se durmieron.

Con ansias están esperando, pero el novio llega tarde. Nadie dijo: "Estoy cansada. Me voy a casa para acostarme. Tal vez vuelva mañana." Gracias a Dios, ellas perseveraron juntas. Ninguna de ellas estaba vigilando; a todas les dio sueño y se durmieron, pero Jesús no las condena por quedarse dormidas. Hasta ahora, todo está bien.

⁶ A medianoche se oyó un grito: "¡Ahí viene el novio! ¡Salgan a recibirlo!"

Alguien estaba vigilando y clamó. El novio llega a una hora inesperada.

⁷ Entonces todas las jóvenes se despertaron y se pusieron a preparar sus lámparas.

Todas se levantan y preparan sus lámparas, confiadas en que van a ver al novio.

Un inconveniente

⁸ Las insensatas dijeron a las prudentes: "Dennos un poco de su aceite porque nuestras lámparas se están apagando".

No debería ser un gran problema. Son cristianas y deben compartir. ¿No somos todos del mismo cuerpo y nos ayudamos unos a otros? Sí, suele ser cierto, pero no siempre. Hay momentos en que tenemos que cuidarnos a nosotros mismos y nuestra relación con Cristo. Todos son responsables ante Dios por sus decisiones. Cada uno necesita su propia lámpara; en este caso, la luz de tu amigo o tu hermano no te ayuda.

⁹ "No —respondieron estas—, porque así no va a alcanzar ni para nosotras ni para ustedes. Es mejor que vayan a los que venden aceite, y compren para ustedes mismas".

Son prudentes no solo para traer aceite en sus vasijas, sino también para saber que si lo comparten, nadie tendría suficiente. Parece que a medianoche alguna tienda vendería aceite, y ellas tenían dinero. Es complicado, pero aún hay esperanza de resolver el problema. ¿No es lo que hace Jesús? ¿Redimirnos y arreglar nuestros errores? Y ellas son buenas muchachas; no estaban de fiesta, fornicando ni pecando.

¹⁰ Pero mientras iban a comprar el aceite llegó el novio, y las jóvenes que estaban preparadas entraron con él al banquete de bodas. Y se cerró la puerta.

No las conozco

En el tiempo en que fueron a comprar el aceite, llegó el novio. Las que estaban preparadas entraron con él, y no le dijeron que otras vendrían pronto. La puerta no quedó abierta para alguien que podría llegar tarde. Está bien que el novio llegue tarde, pero su novia y las damas de honor tienen que estar esperando y preparadas.

¹¹ Después llegaron también las otras. "¡Señor! ¡Señor! —suplicaban—. ¡Ábrenos la puerta!"

Lo llaman "Señor" (¡dos veces!), felices de que consiguieron su aceite y ahora pueden ver al novio. Confían en que van a entrar, pero la puerta no se abre y hay un susto muy cruel:

¹² "¡No, no las conozco!", respondió él.

¿Cómo puede ser? ¿No las conoce? Estaban allí, esperando. Fue culpa del novio que llegó tarde que se quedaron sin aceite. ¿Solo por un detalle pequeño, después de años de preparación, manteniendo su pureza y respondiendo al llamado, no las conoce? No hay una segunda oportunidad. No pueden volver al día siguiente. La puerta está cerrada. Y Jesús dice:

13 Por tanto —agregó Jesús—, manténganse despiertos porque no saben ni el día ni la hora.

¿Estás velando? ¿Estás preparado? ¿Tienes tu aceite? ¿Has hecho todo lo necesario para estar listo cuando Cristo venga? No esperes hasta el último momento para poner tu vida en orden.

Segundo escenario: La parábola de los talentos
14 El reino de los cielos será también como un hombre que, al emprender un viaje, llamó a sus siervos y les encargó sus bienes.

El hombre sería Jesús, yéndose lejos, volviendo a la diestra de su Padre en el cielo. Él es el amo, tiene bienes y siervos, y tiene el derecho de entregar esos bienes a sus siervos.

Somos siervos de Dios. Él es nuestro maestro. Dependemos de Él y siempre queremos servirle.

15 A uno le dio cinco mil monedas de oro, a otro dos mil y a otro solo mil, a cada uno según su capacidad. Luego se fue de viaje.

La Reina Valera dice "*talentos*", así que tradicionalmente hemos pensado en ellos como habilidades, algún talento para hacer algo por el Señor, pero en realidad era una moneda de los griegos y los romanos. Puede ser dinero, tiempo, dones o cualquier recurso. Somos mayordomos. El Señor nos entrega algo, no para guardarlo como nuestro, sino para usarlo en su servicio.

Aquí vemos la economía del reino. No todos son iguales. Dios conoce la capacidad de cada persona, y la realidad es que algunos son más capaces, posiblemente más estudiados, que otros. Dios nos da conforme a lo que Él sabe que es nuestra capacidad, y nos otorga una medida de libertad. Él se fue lejos. Nos corresponde a nosotros tomar decisiones sanas sobre la mejor manera de utilizar nuestros talentos.

Cómo manejaron sus talentos

16 El que había recibido las cinco mil fue en seguida y negoció con ellas y ganó otras cinco mil. 17 Así mismo, el que recibió dos mil ganó otras dos mil.

Dos de ellos participaron y negociaron con sus talentos y los duplicaron. Fue importante para ellos, aunque no fue para su propio beneficio. Amaban a su amo y querían hacer lo mejor que podían por él.

18 Pero el que había recibido mil fue, cavó un hoyo en la tierra y escondió el dinero de su señor.

No lo desperdició ni lo perdió. Lo guardó y lo escondió. No se rebeló ni huyó del lugar, robando al amo. No fue como el hijo pródigo (Lucas 15:11-32), quien perdió su herencia con las mujeres y el vino. No hay evidencia de pecado en su vida; simplemente no hizo nada.

Arreglando cuentas

19 Después de mucho tiempo volvió el señor de aquellos siervos y arregló cuentas con ellos.

Llegará el día en que tengamos que rendir cuentas con Dios. ¿Tienes ese concepto, de que Dios te ha dado lo que tienes, y algún día tendrás que rendir cuentas al Señor por lo que has hecho con él?

20 El que había recibido las cinco mil monedas llegó con las otras cinco mil. "Señor —dijo—, usted me encargó cinco mil monedas.

Mire, he ganado otras cinco mil". ²¹ Su señor le respondió: "¡Hiciste bien, siervo bueno y fiel! En lo poco has sido fiel; te pondré a cargo de mucho más. ¡Ven a compartir la felicidad de tu señor!"

Qué bueno recibir el elogio de su amo y escuchar esas palabras: "*Bien, buen siervo y fiel.*" Sigue siendo su siervo; no le da su libertad. Dios va a multiplicar lo que tiene, pero no con casas, carros o dinero: "*Sobre mucho te pondré*". Más trabajo, mucha responsabilidad en el reino, en los negocios de su Señor. El pasaje paralelo en Lucas (19:17) dice: "*te doy el gobierno de diez ciudades*". Además, puede entrar en el gozo del Señor. No significa que antes no tuviera gozo, pero habrá un gozo especial cuando Cristo venga, nos encuentre fructuosos y fieles, y nos dé una recompensa.

²² Llegó también el que recibió dos mil monedas. "Señor —informó—, usted me encargó dos mil monedas. Mire, he ganado otras dos mil". ²³ Su señor le respondió: "¡Hiciste bien, siervo bueno y fiel! Has sido fiel en lo poco; te pondré a cargo de mucho más. ¡Ven a compartir la felicidad de tu señor!"

Ya sea cinco o dos, la cantidad no importa. A Dios le importa el corazón y los esfuerzos que rendimos, y no la cantidad. Los dos reciben la misma recompensa.

²⁴ Después llegó el que había recibido solo mil monedas. "Señor —explicó—, yo sabía que usted es un hombre duro, que cosecha donde no ha sembrado y recoge donde no ha esparcido. ²⁵ Así que tuve miedo, y fui y escondí su dinero en la tierra. Mire, aquí tiene lo que es suyo".

Posiblemente tuvo envidia de los que recibieron más. Guardaba rencor y no temía ni respetaba a su amo. Tenía una mala actitud hacia él. Le devolvió lo que era suyo, pero no hizo nada con el talento. Tenía miedo y, cuando tienes miedo, no puedes pensar ni trabajar bien.

[26] *Pero su señor le contestó: "¡Siervo malo y perezoso! ¿Así que sabías que cosecho donde no he sembrado y recojo donde no he esparcido?* [27] *Pues debías haber depositado mi dinero en el banco, para que a mi regreso lo hubiera recibido con intereses.*

[28] *»"Quítenle las mil monedas y dénselas al que tiene las diez mil.* [29] *Porque a todo el que tiene, se le dará más, y tendrá en abundancia. Al que no tiene se le quitará hasta lo que tiene.*

La economía del reino

No es el socialismo, donde alguien con autoridad quita de la persona que tiene mucho, para dárselo a alguien (quizás perezoso) que no tiene nada. En el reino, el que tiene y lo usa fielmente en servicio al Señor recibirá más. Tampoco es el capitalismo, porque no es egoísta. El capitalista quiere ganar mucho dinero y edificar una gran empresa. El siervo fiel no está pensando en su propio beneficio, sino en su Señor. Dios quiere frutos, buenos y abundantes. Se quitará la rama infructuosa, mientras que la persona fructífera recibirá más oportunidades para ministrar al Señor.

Jesús estaría feliz con un esfuerzo pequeño de parte de este siervo, depositando el dinero en el banco; alguna expresión de interés y ganas de complacer a su amo. Pero Él llama al siervo malo y negligente.

Otra vez, pensamos que los cristianos son generosos, compartiendo lo que tenemos con otros. Pero los dos primeros hombres no se ofrecieron a ayudar al tercero. No compartieron sus talentos para que él tuviera algo que dar al Señor para salvar su vida.

Y Jesús no dijo: "Yo sé que tuviste una infancia difícil. Tu padre no estaba en la casa para enseñarte cómo trabajar. Fuiste abusado de niño y tienes heridas emocionales. Te voy a enviar a terapia y te daré otra oportunidad." ¡No! ¡Jesús se ve cruel!

³⁰ Y a ese siervo inútil échenlo afuera, a la oscuridad, donde habrá llanto y rechinar de dientes".

No entra en el reino. No importa que él estuviera en el redil y fuera un siervo del Señor. Desperdiciar lo que el Señor nos ha dado resulta en perder la entrada al reino. Podría ser que antes hubiera servido fielmente durante muchos años; por eso el Señor le confió ese talento. Podría ser una prueba. Pero no importa lo que hizo en el pasado. El juicio de Dios no es una balanza: si tus buenas obras pesan más que las malas, estás bien. No, en el momento en que Cristo vino, al igual que las vírgenes insensatas, este hombre era perezoso e irresponsable. Es inútil para Jesús y no es salvo.

No importa cuánto tengas ahora. Lo que el Señor está observando es qué haces con ello. ¿Eres fiel en lo poco? Entonces, la promesa y la expectativa son que el Señor te pondrá sobre mucho. ¿Sientes envidia de alguien con más talentos en la iglesia? Cuida lo poco que el Señor te ha dado. No le importa la cantidad, le importa la fidelidad, la actitud y el esfuerzo que damos.

Tercer Escenario: El juicio de las naciones

³¹ Cuando el Hijo del hombre venga en su gloria, con todos sus ángeles, se sentará en su trono glorioso. ³² Todas las naciones se reunirán delante de él, y él separará a unos de otros, como separa el pastor las ovejas de las cabras.³³ Pondrá las ovejas a su derecha, y las cabras a su izquierda.

Aquí está claro: no es un novio ni un amo, es el Hijo del Hombre, Jesús. Él no ha hablado mucho sobre el fin, pero ahora dice claramente lo que va a suceder:

- Él vendrá en gloria.
- Todos los santos ángeles vendrán con Él.
- Se sentará en su trono de gloria; es juez.
- Todas las naciones serán reunidas delante de Él.
- Solo habrá dos opciones: oveja o cabra. Allí, frente a su trono, Jesús tomará la decisión de qué sucederá con cada persona.

³⁴ *Entonces dirá el Rey a los que estén a su derecha: "Vengan ustedes, a quienes mi Padre ha bendecido; reciban su herencia, el reino preparado para ustedes desde la creación del mundo.*

Esta es tu herencia: un reino. Dios lo ha preparado desde la fundación del mundo. Son benditos de su Padre. ¿Y cuál es el criterio utilizado para separar a las ovejas de las cabras?

Lo que hicieron los justos

³⁵ *Porque tuve hambre, y ustedes me dieron de comer; tuve sed, y me dieron de beber; fui forastero, y me dieron alojamiento;* ³⁶ *necesité ropa, y me vistieron; estuve enfermo, y me atendieron; estuve en la cárcel, y me visitaron".*

Son cosas que no tienen mucho que ver con la iglesia o cosas religiosas:

- Tuvo hambre, y le dieron de comer
- Tuvo sed, y le dieron de beber
- Fue perdido, y le recogieron

- Estuvo desnudo, y lo cubrieron
- Estuvo enfermo, y lo visitaron
- Estuvo (¡Jesús!) en la cárcel, y vinieron a Él.

[37] Y le contestarán los justos: "Señor, ¿cuándo te vimos hambriento y te alimentamos, o sediento y te dimos de beber? [38] ¿Cuándo te vimos como forastero y te dimos alojamiento, o necesitado de ropa y te vestimos? [39] ¿Cuándo te vimos enfermo o en la cárcel y te visitamos?"

No hicieron esas cosas como un programa en la iglesia, o pensando que estaban ganando el favor de Dios. Fueron hechas naturalmente, desde un corazón lleno de amor, misericordia y compasión. No menciona nada de predicar o sanar al enfermo – simplemente lo visitaron. Pero ese es el fruto que Cristo espera de nosotros.

[40] El Rey les responderá: "Les aseguro que todo lo que hicieron por uno de mis hermanos, aun por el más pequeño, lo hicieron por mí".

Cristo sabe todo lo que hacemos. Ya conocemos la parábola del buen samaritano (Lucas 10:25-37). Cristo convirtió en los malvados de la historia al sacerdote y al religioso. Jesús no espera algo muy costoso, como edificios grandes o ministerios impresionantes. Está complacido con ese vaso de agua fría que se le da a alguien sediento.

Los malditos

[41] Luego dirá a los que estén a su izquierda: "Apártense de mí, malditos, al fuego eterno preparado para el diablo y sus ángeles. [42] Porque tuve hambre, y ustedes no me dieron nada de comer; tuve sed, y no me dieron nada de beber; [43] fui forastero, y

no me dieron alojamiento; necesité ropa, y no me vistieron; estuve enfermo y en la cárcel, y no me atendieron".

Qué sorpresa escuchar esas palabras: ¡Maldito! ¡Apartarte de mí! Vas a estar con el diablo y sus ángeles en el fuego eterno.

⁴⁴ Ellos también le contestarán: "Señor, ¿cuándo te vimos hambriento o sediento, o como forastero, o necesitado de ropa, o enfermo, o en la cárcel, y no te ayudamos?"

Lo llaman "Señor". Tenían todas las expectativas de ser una oveja. Podría ser que fueran muy activos en su iglesia. Buscarían urgentemente un vaso de agua para Jesús. Con cuidado evitaron el pecado, pero ignoraban los dos mandamientos más importantes: el amor a Dios y al prójimo.

⁴⁵ Él les responderá: "Les aseguro que todo lo que no hicieron por el más pequeño de mis hermanos, tampoco lo hicieron por mí".

⁴⁶ »Aquellos irán al castigo eterno, y los justos a la vida eterna».

Tenemos que tratar a todas las personas que conocemos como si fueran Jesús.

¿Vas a entrar en el reino?
¿Cómo es tu servicio a los más pequeños? ¿Tienes tu aceite? ¿Estás negociando y trabajando con los talentos que Dios te ha dado? Estas son cosas muy serias, que tendrán un impacto eterno.

Creo que ya sabemos que somos salvos por nuestra fe en Jesús y lo que hizo en la cruz para perdonar nuestros pecados y restaurarnos al Padre. El primer paso es confesar tu fe en Jesús y entregarle tu vida, pero luego tienes que seguirlo y hacer esas buenas obras que Él tiene preparadas para ti. Es un proceso, un peregrinaje, caminando por fe en Jesús. Como toda carrera, lo importante no es cómo empiezas, sino cómo terminas.

Una parte importante del ADN del reino es:

- Vivir con expectativa de la venida del Rey y el establecimiento de su reino. Debe ser un foco principal de la vida. Siempre debemos estar preparados.

- Trabajar y usar los recursos que Dios nos ha dado para su gloria y la edificación de su reino.

- Atender a los más necesitados y a los más pequeños a nuestro alrededor.

24

Hasta los confines de la tierra

¿Cuál es el próximo paso? Si ya has leído el primer libro de esta serie y sabes algo acerca del ADN del reino, ¿cuál es el siguiente paso para andar con Jesús? ¿Puedo descansar y disfrutar de las bendiciones del reino? Pues, vamos a pasar una eternidad disfrutando de sus riquezas. Como Dios en la creación, hay que trabajar. En el séptimo día, en el cielo, podemos reposar. Ya vimos que vamos a hacer las obras de Jesús. Vamos a andar en este mundo como Cristo anduvo. Vamos a tener poder para testificar. Somos sal y luz. Dios quiere levantarte como una persona de influencia para traer la cultura del reino a este mundo: *"Que venga tu reino"*. Tú tienes una parte en el cumplimiento de esa petición.

Este mundo carece de buenos líderes. Se nota en la familia, el mundo empresarial, el gobierno y la iglesia. El líder que lidera como Jesús lideró va a tener un impacto sobrenatural, pero también va a encontrar mucha oposición, porque el ADN del líder piadoso es muy diferente al ADN del líder mundano.

Consigue el próximo volumen de esta serie para aprender a liderar como Jesús lideró.